Schrenk • Aussicht auf gutes Essen

CHRISTIAN SCHRENK

Aussicht auf GUTES ESSEN

Der passende Wirt zum passenden Anlaß

WIRTSHÄUSER • RESTAURANTS • JAUSENSTATIONEN
IN OBERÖSTERREICH

LANDESVERLAG

Impressum:

1. Auflage (1996)
Gedruckt in Österreich
Lektorat: Ingrid Fischer-Schreiber, Linz
Graphische Gestaltung: Germana Kolmhofer, Hartkirchen
Umschlagmotiv: Witz-Audio-Vision, Peter Witz, Sandl
Satz, Offsetreproduktion: DC Repro Steurer, Wels
Druck, Bindung: LANDESVERLAG Druckservice Linz

ISBN 3-85214-643-7

Inhalt

DIE EXKLUSIVEN

DIE SPEZIALISTEN

DIE INNOVATIVEN

Vorwort

Oberösterreichs Wirte sind eine aussterbende Spezies.
Früher war alles viel leichter in einem Land wie Oberösterreich, in dem sich ein Gutteil seiner Bevölkerung durch intensive Sozialkontakte definierte. Und die fanden natürlich zu einem Großteil im Wirtshaus statt. Das Wirtshaus als ein Vorläufer jener Institutionen, die sich heute „Kommunikationszentren" nennen.
Heute hat sich die Kommunikation auf eine globale Ebene verlagert. Sie findet entweder über einen der 50 Fernsehkanäle in jedem Haushalt statt oder eben daneben her. Den Anlaß für die Kommunikation holt man sich entweder aus einer der Sendungen, die man gerade konsumiert, oder bei einer ausgedehnten Auslandsreise in ein tropisches Land, aus dem man Souvenirs, gute oder schlechte Eindrücke und zumeist eine mittlere Überziehung auf dem Konto mit nach Hause bringt. Weniger Kleingeld also für den Wirtshausbesuch.
Und viele Wirte hauen daher den Hut drauf. Sie haben es ja ohnehin nur mehr mit den Stammtischbrüdern zu tun, die weder fern reisen noch fern sehen und daher nicht mitreden können. Und wer will schon zum nichtkommunikativen Nicht-Mittelpunkt absteigen, wenn man an das Gegenteil gewöhnt ist?
Dann sind da natürlich auch die anderen. Jene, die sich den neuen Gepflogenheiten anpassen und die Nicht-ganz-so-fern-Reisenden busweise mit preiswerter Kantinenkost abfüttern. Oder jene, die mit einem vorgeblich multikulturellen Einerlei à la „Grammelknödel Hawaii mit Pusztasauce" ihrer Provinzküche im übelsten Sinn einen internationalen Überguß verpassen möchten.
Ganz zu schweigen von jenen, die die lukrative Geschäftemacherei mit dem Gast, der angeblich einmal König war, auf die Preisspitze treiben und den zähen Vogel des Überlebenskampfes damit abschießen, indem sie den Gast gerade eben noch dulden, sofern er sich vom schlabbrigen Salatbüffet selbst bedient, keine Sonderwünsche äußert und nach 20 Minuten seinen Platz wieder räumt.
Schlechte Aussichten also offenbar in einem Land, dem der Tourismus – und dazu gehört auch der Tagestourismus der Landsleute im eigenen Bundesland – immerhin die Butter aufs Brot streicht. In manchen Regionen hat er auch gleich den Schinken und die Salami dazugelegt.
In trostlosen Einöden aber gibt es sie mitunter noch. Die Reservate, die Biotope, die Kulturschutzgebiete. Jene Wirte, die – egal ob ihre Küche bodenständig oder international, einfach oder verfeinert, ethnisch oder g´schert – in jedem Fall aber gut und ehrlich ist. Wirte, die es verstehen, den Überlebenskampf mit Lust und einem

Lächeln auf den Lippen zu fechten, mit Schmäh und Freundlichkeit dem Gast gegenüber. Sie schaffen es, ihren Gästen anspruchsvolles oder uriges, gediegenes oder originelles Ambiente anzubieten. Etwas Echtes jedenfalls und keine Pappendeckelkulissen. Und ihnen dabei das Vertrauen in ihren Wirt zurückzugeben.

Jahrelang bin ich für meine Radiosendung „Kulinarium" über Land gefahren und habe vom Essen und Trinken berichtet. Ich habe dabei meine Enttäuschungen erlebt. Ebenso wie Augenblicke echter, tief empfundener Freude.

Ich bin bei meinen zahlreichen Streifzügen quer durch unser Bundesland immer besessener der Frage nachgegangen: „Wie schmeckt die Heimat?" Ich habe meine Heimat bei Knödeln, Geselchtem, bei Lachs und Hirschcarpaccio, bei Spaghetti und Blinis gefunden. Genauso bei Eiernockerln, Grießpudding, Sushi und Shish-Kebap. Und ich habe auf meinen Fahrten immer weitere Umwege in Kauf genommen, um bei jenen Wirten oder in jenen Wirtshäusern wieder einmal einzukehren, nach denen mir im Augenblick gerade der Sinn stand.

Nicht alle Anlässe sind gleich. Einmal braucht man eine Kleinigkeit, um nicht vom Fleisch zu fallen. Dann ist man mit Gästen unterwegs, denen man die schönsten Seiten einer Region nahebringen will. Einmal möchte man einen sinnenfreudigen Abend zu zweit genießen, einen Familienausflug kulinarisch beschließen, oder man will schlicht einen nervigen Arbeitstag bei einem Glas Bier ausklingen lassen.

Und so verschieden wie die Anlässe sind auch die Wirte, die Wirtshäuser, die Jausenstationen und Mostschänken, die Restaurants und Cafés, die ich zu diesem Bändchen zusammengetragen habe. Eines haben sie gemeinsam: Sie sind meist unverwechselbar.

Ich bin überzeugt davon, daß es noch viele Wirte zu entdecken gibt, viele Geheimtips zu lüften, und ich stelle keinerlei Anspruch auf Vollständigkeit. Die wohlbekannten Klassiker der oberösterreichischen Gastronomie, die man ohnehin kennt, werden Sie hier vergeblich suchen. Sie finden sie in den einschlägigen Gastronomieführern. Hier liegt lediglich eine kleine, subjektive Auswahl an Wirtshäusern vor, die mir in Erinnerung geblieben sind. In guter Erinnerung. In der besten eigentlich. Ihnen ist dieses Buch gewidmet.

Christian Schrenk, im Oktober 1995

Zur Benützung des Buches

Die Daten der beschriebenen Betriebe wurden so sorgfältig wie möglich recherchiert und von den Besitzern auf ihre Richtigkeit überprüft. Allerdings können einzelne Angaben wie Öffnungszeiten und bestimmte Spezialangebote oder Freizeiteinrichtungen überholt sein. Preise – sie beziehen sich auf Hauptgerichte – können saisonal oder bedingt durch die Zusammenstellung der Karte gewissen Schwankungen unterliegen. Es handelt sich hierbei also um Richtwerte zur Orientierung. Für nicht mehr den Tatsachen entsprechende Angaben können wir daher keine Gewähr übernehmen. Alle Angaben über die Erreichbarkeit beziehen sich auf die Erreichbarkeit mit öffentlichen Verkehrsmitteln. Für Autofahrer und Wanderer sind die Anfahrtswege zu den meisten Betrieben ausreichend beschildert. Eventuelle Unklarheiten räumen Sie am besten durch einen persönlichen Anruf aus, da es ohnehin zweckmäßig ist, sich telefonisch anzumelden. Bitte informieren Sie uns, wenn die von uns erhobenen Angaben (Telefonnummern, Preise, Infrastruktur) nicht mehr mit der Realität übereinstimmen. Bei einer eventuellen Neuauflage werden wir diese Änderungen berücksichtigen.

Als Hilfestellung bei der Auswahl des richtigen Wirts zu einem bestimmten Anlaß steht Ihnen im Anhang ein Register zur Verfügung, das Ihnen hilft, im Fall eines speziellen Speisenwunsches Lokale zu finden, von denen ich glaube, daß sie auf dem jeweiligen Gebiet Außergewöhnliches zu bieten haben.

Eine Auflistung nach Anlaß des Besuchs soll Ihnen darüber hinaus dabei helfen, je nach Laune und Begleitumständen das jeweils richtige Lokal zu finden. Hier habe ich mich an den häufigsten Anlässen für einen Gasthausbesuch orientiert (Dinner for Two, Einkehr nach einem Familienausflug, Familienfest, gesellige Runden, Bier nach Büroschluß ...)

Eine Orientierung schließlich wird Ihnen auch die Karte auf der rückwärtigen Umschlagseite verschaffen, aus der Sie die Standorte der nächstgelegenen empfehlenswerten Lokale entnehmen können.

Genußreichen Stunden beim richtigen Wirt für den richtigen Anlaß sollte dann nichts mehr im Weg stehen.

1 Gasthof Taverne am Schiedlberg

Schiedlberg

4521 Schiedlberg 7, Tel.: 07251/202, Öffnungszeiten: 9.00–24.00 Uhr, Mittwoch Ruhetag, Sonntag ab 15.00 Uhr geschlossen

Bodenständiges Landgasthaus mit nettem Gastgarten und Salettl in bevorzugter, ruhiger Lage. Handfeste Hausmannskost zu vernünftigen Preisen.

Wenn auf einen Wirt der Beiname „Kirchenwirt" zutrifft, dann ist es der „Hiesmayr" in Schiedlberg. Thront hier die Kirche schon an auserwählter Stelle auf einem kleinen Hügel im Ort, so ist der „Hiesmayr" der unmittelbare Nachbar und damit der einzige, der ebenfalls auf dem Kirchenhügel, eben auf dem Schiedlberg steht. Und entsprechend gesegnet kann dort auch bodenständig und einfach getafelt werden. Die angebotenen Speisen rekrutieren sich aus dem, was in jedem anständigen Landwirtshaus anzutreffen ist. Die Qualität der Zubereitung allerdings läßt aufhorchen. Ob kalter Rindfleischsalat, Wurstsalat oder Fleischbrot, oder ob Schnitzel, Schweinsbraten, Beuscherl oder Backhenderl, die Speisen sind von ausgesuchter Qualität, und die bodenständigen Süßspeisen wie Apfel- oder Topfenstrudel oder Haustorte runden die kulinarische Landpartie gelungen ab. Neben der gediegenen Lage und den guten Speisen ist beim „Hiesmayr" auch noch der Eingangsbereich von besonderem Reiz. Ein großes, gewölbtes Vorhaus, kühl und luftig im Sommer, gibt gleich beim Eintreten zu verstehen, daß man hier nicht in einem Arme-Leut-Häusl eingekehrt ist. Alte Stukkatur, x-mal mit Kalk überpinselt, und gediegene Bauernmöbel stechen ins Auge. Die eigentliche Wirtsstube dagegen fügt sich recht nahtlos in das ein, was man von Landwirtshäusern gewohnt ist.

Im Sommer sitzt man natürlich bevorzugt schattig unter Bäumen vor dem Haus oder aber im Salettl, wo man sich die Zeit mit einem beliebten Geschicklichkeitsspiel vertreiben kann, bei dem es um die Ehre und um das Ausgeben einer Runde geht: dem Hackstock-Nageln. Mit der Finne muß ein Nagel dabei mit möglichst wenigen Schlägen im Holz versenkt werden. Eine Aufgabe, die bei der hier gehandhabten Praxis nach mehreren Runden allerdings zu zahlreichen blauen Fingerkuppen führen dürfte.

Info Preise: 90,– bis 170,– • kinderfreundlich • Gastgarten • Erreichbarkeit: Bundesbus ab Neuhofen an der Krems bzw. Steyr bis Schiedlberg.

2 BERGER MAMI

OTTENSCHLAG

4204 Reichenau, Ottenschlag 14, Tel.: 07211/271, Öffnungszeiten: 10.00–23.00 Uhr, Dienstag Ruhetag

Originelles Bauernwirtshaus in einem typisch Mühlviertler Bauernhof. Weitum berühmt für seine Schweinsbraten.

An sich schon bietet eine Fahrt durchs Gusental von Gallneukirchen Richtung Reichenau eine Reihe schöner Eindrücke. Vom Schloß Riedegg am Eingang des Gusentals bis hin zur Ruine Reichenau, auf der neuerdings im Sommer nicht mehr nur handfeste Zechereien, sondern auch Burgfestspiele veranstaltet werden. Zwischen hier und der böhmischen Grenze zeigt sich das Mühlviertel in seiner ganzen herben Schönheit. Mit seinen Hügeln und Granitblöcken. Mit seinen aus Stein gemauerten Häusern und den eng zusammengekauerten Siedlungen.

Umso erfreulicher, daß sich seit kurzem hier auch unverfälschte Mühlviertler Eßkultur mit viel Charme und dabei auch durchaus so kratzbürstig und unaufdringlich wie die Landschaft anbietet.

Die Rede ist vom Gasthaus Hofer in Ottenschlag, besser bekannt unter dem Vulgo-Namen "Berger Mami". Ein ursprünglicher, in seiner typischen Architektur vorbildlich erhaltener Bauernhof mit der weißgescheckten Fassade, den man nach einer Fahrt oder einem Spaziergang über die leicht ansteigende Ortsstraße, vorbei an zahlreichen wunderschönen Gehöften am Ortsende, erreicht.

Eine gemütliche Wirtsstube empfängt den Gast. Viel helles Holz und einfach gekalkte Mauern. Nebenan, noch teilweise in Bau befindlich, ein heller, luftiger Zubau aus Holz mit großen Fenstern, von den Hausleuten als Wintergarten apostrophiert. Hier sitzt man auf rohen Holzbänken und wird Ohrenzeuge der Geräuschkulisse in der Küche.

Und auch die Düfte dringen daraus hervor und verheißen Gutes.

Vor allem dem Schweinsbraten wird hier ein Loblied gesungen. Mit Krautsalat und Erdäpfelknödeln kommt er in altmodischen Tellern auf den Tisch. Und zwar nur auf Vorbestellung. Üblicherweise wird hier nämlich nur zu Mittag und an Wochenenden gekocht. Das, was üblich ist in der Region. Ohne große gestalterische Gestik. Geradlinig und handfest. Knödeln, Schnitzeln, Schweinskotelett und andere deftige Speisen, die im großen Bratrohr ihr uriges Finish erhalten.

Den Abend und den Nachmittag hat man hier für Gruppen reserviert. Serviert wird dann fast ausnahmslos Schweinsbraten in oben geschilderter Form. Aber auch Ripperln und Surbraten können geordert werden. Dazu trinkt man natürlich Bier oder hausgemachten Most und, wenn´s paßt, Wein, der in mehreren Sorten angeboten wird und um dessen Kultur man beginnt, sich zu bemühen.

Außertourlich gibt´s alles, was eine Jausenstation im Mühlviertel anzubieten hat: Brettljausen, Topfenkäs, Speck und kaltes Schweinernes.

Viel verspricht ein derzeit im Entstehen begriffener Gastgarten hinterm Haus, der sich, sonnseitig gelegen und mit einem weiten Blick über das Mühlviertel, für stimmungsvolle Nachmittage anbieten dürfte.

Neben den hübschen Ensembles, die der Ort Ottenschlag zu bieten hat, empfiehlt sich auch noch ein Abstecher nach Hirschbach, nur wenige Kilometer entfernt, wo im Bauernmöbelmuseum die legendären Hirschbacher Bauernkästen bestaunt werden können. Auch der Maler Franz von Zülow hat hier seine Spuren hinterlassen, die ebenfalls im kleinen, feinen Museum zu betrachten sind.

Unter dem Namen „Mühlviertler Sterngartl" bemüht sich die Region seit einiger Zeit um vermehrte Publizität, die sich vor allem auf touristischem Gebiet und in Hinblick auf Angebote von Selbstvermarktern bemerkbar macht. Aktionstage mit Darbietungen bäuerlichen Handwerks und Brauchtums sind zu allen Jahreszeiten interessante und abwechslungsreiche Anlässe für Ausflüge in diese Gegend.

Info Preise: 50,– bis 110,– • kinderfreundlich • Gastgarten. • Erreichbarkeit: Bundesbus bis Ottenschlag.

3 Wirt z'Blümling

Zell an der Pram

4755 Zell an der Pram, Aiglbrechting 4, Tel.: 07764/6558, Öffnungszeiten auf Anfrage

Einfaches Landgasthaus mit ursprünglicher innviertlerischer Kost und interessantem kunsthandwerklichem Hintergrund.

Weit und breit nichts. Nur ein paar Bauernhöfe. Dann verdichtet sich die Siedlung zu vielleicht vier oder fünf Häusern. Und eines davon ist schon von weitem deutlich sichtbar eine Schule. Eines jener Gebäude, hinter deren ländlich biederer Fassade aus der zweiten Hälfte des vorigen Jahrhunderts man in seiner Vorstellung noch den Schulmeister mit dem spanischen Rohr in der Hand gestrenge seine Runden zwischen den Tischen mit den rotzigen Bauernkindern ziehen sieht.

Und dann zeigt sich, daß diese Schule ein Wirtshaus ist. So absurd die Idee mit der Schule mitten in den Feldern anmuten mag – und das Gebäude war wirklich eine Schule –, so erfreulich tut sich hier nach einem Spaziergang oder einer Überlandfahrt heimelige Gastlichkeit auf. Vorausgesetzt, man findet hin, denn Blümling liegt am Ende der Welt. Amtlicherweise trägt der Weiler ja den Namen Aiglbrechting. Aber unter dem Namen Blümling kennt jeder in der Umgebung diesen Flecken und die hier anzutreffende Gastlichkeit.

Auch ein auserlesener Kreis oberösterreichischer Künstler, die sich gerne im nicht weit entfernten Kulturschlößl Sigharting zu Symposien treffen. Und so quartieren sich seit Jahren in unregelmäßigen Abständen bildende Künstler rund um Johann Jascha hier eine Zeitlang ein, um in aller Stille schöpferisch tätig zu sein. Für die Präsentation ihrer Arbeiten bieten sich die ehemaligen Schulräumlichkeiten des heute auch als Landwirtschaft geführten Betriebes bestens an. Für optimale Betreuung dieser „ihrer" Galerie sorgt die Senior-Wirtin Irmgard Mayr, ihres Zeichens nicht nur eine bestechende Kochkünstlerin bayrisch-innviertlerischen Schlages, sondern auch ein wandelndes Lexikon der Volkskultur, begnadete Volks- und Handwerkskünstlerin, originelle Erzählerin und feinsinnige Gesellschafterin. Einen großen, alten Kachelofen zum Beispiel hat sie selbst entworfen und gestaltet. Da finden sich auf unzähligen Kacheln legenden- und symbolumwobene Figuren, vom niederbayrischen Wolpertinger bis hin zum „Husslüppel", einem Hund und dessen Herrl, denen während der napoleonischen Besatzungszeit durch Bauernschläue Berühmtheit erwuchs.

Aber das sind Details. Schließlich sind wir ja in einem Wirtshaus, in einem innviertlerischen noch dazu. So unverfälscht historisch wie hier wird kaum irgendwo gegessen. Was auf den Tisch kommt, das kam hier auch schon vor 100 Jahren auf den Tisch. Und das sind hauptsächlich Knödel mit Kraut und Erdäpfeln (!), verschiedene Bratln und allerlei süße Sachen, deren Rezepte aus dem schier unerschöpflichen Fundus der Senior-Chefin stammen. Dazu gibt´s Bier, einen vorzüglichen Most, selbstgemacht, versteht sich, und ein selbstgebranntes Schnapserl. Schlicht und einfach und gerade deshalb so hervorragend.

In der Umgebung bietet sich, neben dem schon erwähnten Kulturschlößl Sigharting, einem reizenden kleinen Schlößchen übrigens, in dem ein rühriger Kulturverein immer wieder Ausstellungen, Advent- und Bauernmärkte und Symposien veranstaltet, auch Schloß Zell an der Pram für einen interessanten Ausflug an. Im jetzigen Landes-Bildungszentrum findet sich einer der schönsten Säle des Innviertels mit einer reich bemalten Decke und malerischen Logengängen. In Breiningsdorf bei Ort im Innkreis schließlich betreibt die Schärdinger Galeristin Erni Weidenholzer in einem hübschen Häuschen mit Jugendstil-Gestaltungselementen eine temporäre Galerie, in der sie zeitgenössische österreichische bildende Künstler von internationalem Ruf ausstellt.

Info Preise: 60,– bis 80,– • kinderfreundlich • Gastgarten • Freizeitangebot: Bildungszentrum Schloß Zell/Pram • Erreichbarkeit: Bundesbus bis Zell/Pram.

4 SEMINARHOTEL SCHLOSS MÜHLDORF

FELDKIRCHEN AN DER DONAU

4101 Feldkirchen/D., Mühldorf 1, Tel.: 07233/7241, Öffnungszeiten: Mittwoch bis Sonntag sowie nach Vereinbarung. November bis März nur an Wochenenden

Leicht verfeinerte, bodenständige Küche, traditionelle Gerichte auf Vorbestellung, rustikal-aristokratisches Ambiente.

Das rhythmische Klappern von Pferdehufen und das Knirschen der Schritte auf dem Kies unter den mächtigen Kastanienbäumen sind die Begleitmusik. Zum Beispiel zu einem Mühldorfer Schnitzel. Und das genießen wir entweder im alten Meierhof oder direkt auf dem baumbestandenen Platz vor dem Schloß.

Ländliche Aristokratie strahlt das Anwesen aus. Heute Pferdepension und Seminarhotel, früher ein Wasserschloß, dessen wechselhafte, bis 1168 zurückreichende Geschichte für den Hobbyhistoriker auf dem Deckblatt der Speisekarte dokumentiert ist.

Schloß Mühldorf. Das Dornröschen unter den kleinen, familiären Landgasthöfen. Ein Hauch von Märchen liegt über dem ganzen Schloß und seinen Nebengebäuden. Und Querverweise auf die Märchenwelt bietet auch die Speisekarte. Zumindest, was die Namen der Gerichte anbelangt. Von Ritterkrapfen und martialisch-kulinarischen Schwertern ist hier zu lesen.

Was sich dahinter verbirgt, das ist durchwegs handfeste, bodenständige Kost mit Schwergewicht auf Erdäpfel- und Fleischgerichten, deren Ausgangsprodukte, ebenso wie die für das köstliche Hausbrot, ausschließlich aus der eigenen Landwirtschaft stammen.

Aber man kann´s bei Bedarf auch vegetarisch. Immerhin ist Schloß Mühldorf mit seinem angeschlossenen Pensionsbetrieb und in seiner Abgeschiedenheit auch Anlaufstelle für zahlreiche Seminare, Kurse und Selbsterfahrungsgruppen. Und deren Teilnehmer greifen gerne auch fleischlos zu.

Die Speisen wechseln häufig auf der Karte, das Angebot ist klein und übersichtlich und orientiert sich an den tatsächlich frisch vorhandenen Rohprodukten. Stetiger Fixpunkt neben den hervorragenden Brettljausen ist das Mühldorfer Schnitzel. Eine Kreation des Hauses, bei dem sich ein saftiges Schweinsschnitzel unter einer knusprigen Schicht Erdäpfelgratin verbirgt.

Aber auch spontane Kreationen werden auf Anfrage und nach Bedarf und Laune des aus Sachsen stammenden Kochs gern serviert. Ein Tip: Das zu bestimmten Anlässen

und auf Bestellung zubereitete „Bratl in der Rein", die Schlachtplatte sowie Enten- und Wildgerichte zur Saison sollte man sich keinesfalls entgehen lassen.
Sowohl bei der Zubereitung als auch im Service bemüht man sich um eine herzliche, zart verfeinerte, aber unkomplizierte Ursprünglichkeit, die ausgezeichnet mit dem Ambiente – zum Beispiel mit der großen, gewölbten, ritterlich anmutenden Wirtsstube – harmoniert.
Gepflegt, wenn auch nicht überspannt, zeigt sich der Umgang mit dem Bier. Sowohl vom Angebot als auch von der Zapfkultur her. Die Weinkultur könnte noch verfeinert werden. Hier ist man auf einem bemühten Weg.

Info Preise: 70,– bis 110,– • kinderfreundlich • Gastgarten • Freizeitangebot: Naturschutzgebiet Pesenbachtal, Radfahrer-Labstation, Reitunterricht im angeschlossenen Reitstall, Badesee Feldkirchen, Golfclub Feldkirchen, Oster- und Adventmarkt • Erreichbarkeit: ÖBB-Mühlkreisbahn bis Ottensheim oder Walding (ca. 2 Stunden Fußmarsch), Radweg Ottensheim–Aschach, Bundesbus bis Pesenbach (ca. 20 Min. Fußmarsch).

5 Gasthaus Pupeter

Offenhausen

4625 Offenhausen, Großkrottendorf 12, Tel.: 07247/6151, Öffnungszeiten: 10.00–22.00 Uhr, Dienstag Ruhetag

Kleines Landgasthaus mit nettem Gastgarten und Angeboten zu originellem Zeitvertreib. Auf Bestellung Bratlpartien mit hervorragender traditioneller Kost.

Klein und unscheinbar liegt das Anwesen neben einem Feuerwehrzeughaus an der Strecke zwischen Offenhausen und Gunskirchen.

Der schnuckelige Gastgarten lädt hier zum unkomplizierten Genuß einer herzhaften ländlichen Jause mit Bier oder Most ein, nach einer Wanderung durch die letzten Hausruckausläufer vor den Ebenen der Welser Heide.

Aber nicht nur jausenmäßig kümmert man sich hier freundlich um den Gast, sondern auch mit deftiger, bäuerlicher Küche. Bratl in der Rein, Surbraten, Leberschädl und Ripperln überzeugen davon, daß hier jemand mit Herz und Gefühl am Herd steht. Und diese Tatsache empfiehlt das Haus vor allem für Anlässe bis zu etwa 20 Personen, für die auf Bestellung gerne deftig aufgekocht wird. Gute Obstbrände als Abschluß des Menüs sind nicht nur ein Genuß, sondern sie helfen auch dem Organismus bei der Aufschließung der üppigen Verführungen.

Wer Angst um seine Linie hat, der hat Gelegenheit, seine Kräfte und sein Augenmaß auf einer der im Lande leider schon seltenen „Stöbelbahnen" beim Knittel- oder Stöbelwerfen zu erproben. Mit kräftigen, knapp meterlangen Holzknüppeln wird dabei ähnlich wie bei den Eisschützen auf eine Daube gezielt. Größere Gruppen wohlverköstigter Gäste ergeben bei diesem Spiel oft recht interessante „Moarschaften" (Teams).

Wem eher nach Wissenschaftlich-Kulturellem zumute ist, für den ist Schloß Würting ein interessanter Anlaufpunkt. Im Wasserschloß ist eine paläontologische Sammlung untergebracht, und außerdem ist die Bausubstanz historisch bemerkenswert.

Info Preise: 60,– bis 120,– • kinderfreundlich • Gastgarten • Freizeitangebot: Stöbelbahn.

6 ZUR STADT SALZBURG

LINZ

4020 Linz, Wiener Straße 43, Tel.: 0732/652583, Öffnungszeiten: 10.00–22.00 Uhr, Samstag, Sonntag Ruhetag

Nostalgisches kleines Vorstadtwirtshaus an der Linzer Unionkreuzung. Unkompliziert Hausmannskost in verloren geglaubtem Ambiente.

„Fragen Sie bitte nicht nach Pommes und verlangen Sie keine Hauben-Küche. Wir sind ein einfaches Wirtshaus und wollen es auch bleiben!" So steht's auf der ersten Seite der kleinen Speisekarte. Die Wirtsleute sind also schon abgehärtet gegenüber den guten Tips der schicken Leute, die das Lokal frequentiert und die Originalität des Wirtshauses erkannt haben. Hier will man aber nicht belehrt werden, wie man sich verbessern könnte, und man will sich auch nicht verändern. Das Wirtshaus soll einfach Wirtshaus bleiben. Denn Individualisten lassen sich davon sicherlich nicht abhalten, nach Feierabend hier ein Bier zu trinken oder eines der einfachen Menüs der Hausfrau zu bestellen. Zum Bier im übrigen empfehle ich ein Käsestangerl oder, wenn vorhanden, eine Brezen.

Keineswegs außergewöhnliche Küche, aber dieses Wirtshaus erfüllt noch seine Aufgabe als kleines, anachronistisches Kommunikationszentrum mitten in der Stadt. Eine kleine Gaststube, zumeist gerammelt voll. Und dazu gehören eben auch die Schichtarbeiter, die sich nach Arbeitsschluß an der Schank ihr Bier genehmigen. Und auch die Pensionistinnen, die sich am Nachmittag zum Kaffee und einem Achterl vom Roten treffen und dabei häkeln. Im Winter tragen sie dabei alle (auch in der Wirtsstube) ihre kuriosen Pelzhäuberln. Vielleicht weil danach nur das Pelzhäuberl, nicht aber die Haare nach Rauch riechen. Denn gequalmt wird viel hier, speziell am Abend. Und die niedrige Wirtsstube mit den dunklen Holztäfelungen hat eben keine Entlüftung wie ein Ballsaal. Also öffnet die Wirtin von Zeit zu Zeit die Eingangstür. Die steht im Sommer ohnehin dauernd offen, und man kann einen Blick auf die andere Straßenseite werfen. Auf die Vorstadtidylle der äußeren Wiener Straße. Und man kann sich freuen, daß hier noch „normale" Menschen mit ihren „normalen" Sorgen und Bedürfnissen ein und aus gehen und ein „normales" Bier und „normale" Kost zu „normalen" Preisen genießen möchten.

Info Preise: 60,– bis 90,– • Erreichbarkeit: ESG-Linie 1, Haltestelle Unionkreuzung.

7 TAVERNE GASTHAUS SILMBRODT

VIECHTWANG

4666 Viechtwang, Viechtwang 23, Tel.: 07615/2254, Öffnungszeiten: 9.00–22.00 Uhr, Mittwoch nachmittag, Samstag, Sonntag Ruhetag

Stattlicher, ländlicher Gasthof mit schönen Stuben und angeschlossener Fleischhauerei. Jeden Donnerstag kesselheiße Würstel.

Ihnen kann jedenfalls kaum einmal das Bratlfleisch ausgehen. Das ist einer der großen Vorteile jener Wirtshäuser, an die eine Fleischerei angeschlossen ist. Oder sollte man vielleicht besser sagen: die einer Fleischerei angeschlossen sind.

Ein solches Wirtshaus ist der „Silmbrodt" in Viechtwang. Mitten am Dorfplatz liegt er, ein stattliches Gebäude mit einem in dieser Region so typischen Knick im großen, steilen Dach. Rundum voll mit Blumenkästen, in denen üppig die Geranien blühen bis in den Herbst hinein. Daneben die Kirche und kaum ein Dutzend Häuser, die diesen Platz zur dörflichen Idylle machen.

An „normalen" Tagen, und dieses „normal" muß hervorgehoben werden, ißt man hier ordentlich, gut und reichlich und frönt der deftigen Fleischeslust auf dem Teller. Und dann gibt es die „abnormalen" Tage. Die Donnerstagvormittage, an denen kaum noch Plätze zu ergattern sind in den Wirtsstuben. Das sind die Tage der „kesselheißen Würstel". Eine kulinarische Attraktion an sich schon, der meist in trauter Runde in der Abgeschiedenheit der Wurstküchen gehuldigt wird. Beim „Silmbrodt" in Viechtwang wird sie zum öffentlichen Ereignis und damit zur doppelten Attraktion. Eine halbe Stunde Autofahrt ist den Genießern nicht zu viel und auch nicht der Umstand, daß man die Würstel selber aus der Wurstküche holt, sich in Eigenregie mit Senf versorgt und sich den Kren reibt. Dazu fließt das Bier in Strömen, aber kultiviert. Erlebnisgastronomie der bodenständigen Art also.

Es wird erzählt, daß ein Viechtwanger Unternehmer sein neues Faxgerät ausprobieren wollte und seinen Geschäftspartnern und Freunden eine Nachricht übermittelte. Welche das war, das läßt die Popularität der Silmbrodt´schen Kesselheißen erahnen. Er zeichnete einen Krug Bier und ein Paar Würstel auf das Blatt und fügte schriftlich hinzu: „Donnerstag 9 Uhr!" Zur genannten Zeit fanden sich die Freunde wieder unter einem Dach bei Bier und Kesselheißen. Im Wirtshaus „Silmbrodt". Wo sonst?

Die Gegend um Scharnstein war bis in die 80er Jahre Zentrum einer weltweit berühmten Sensenschmiedetradition. Bis dahin war in Scharnstein an der Alm der sogenannte „Geierhammer", eine der letzten Sensenmanufakturen, noch in Betrieb. Heute, dank der Umsicht eines Kulturvereins, ist darin ein Museum untergebracht, das die alten, wassergetriebenen Schmiedehämmer, die Essen und die gesamte Infrastruktur dieses Betriebes im Originalzustand konserviert hat und zu verschiedenen Anlässen wiederbelebt. Dann werden wieder Sensen geschmiedet. Von den damals kurzfristig pensionierten Arbeitern, die mit Freude ihre Schmiedefertigkeiten vorführen und so der heutigen cleanen Arbeitswelt einen Eindruck von den Arbeits- und Sozialbedingungen in dieser mittlerweile versunkenen Industrieepoche vermitteln.

Info Preise: 60,– bis 110,– • Gastgarten • Erreichbarkeit: ÖBB-Lokalbahn Wels–Grünau bis Viechtwang.

8 GASTHOF ZUR SONNE

SCHWANENSTADT

4690 Schwanenstadt, Philippsberg 9, Tel.: 07673/4191, Öffnungszeiten: 17.00–24.00 Uhr, Sonntag 10.00–12.30 Uhr und 16.00–22.00 Uhr, Samstag Ruhetag

Gemütliches, gehoben-rustikales Landwirtshaus, wo sich die ganze Region unter Kastanien trifft. Einfache Jausen im Sommer, Hausmannskost im Winter.

Man muß entweder wirkliches Glück haben, bald genug kommen oder aber sehr beharrlich sein, wenn man einen Platz bekommen möchte in der „Sonne" in Philippsberg bei Schwanenstadt. Die Wirtsstube und der Garten sind nämlich fast immer gesteckt voll in diesem Lokal am Ortsrand von Schwanenstadt. Und das liegt nicht nur an der hübschen Lage, am Rand eines Wäldchens an einer ruhigen, schwach befahrenen Straße mit Ausblick über Schwanenstadt und (das dürfte für örtliche Sportfreunde wichtig sein) auf den Schwanenstädter Sportplatz, sondern das liegt auch am ausgesprochen malerischen Ensemble, das das Wirtshaus mit seinen Nebengebäuden und seinem auf der gegenüberliegenden Straßenseite gelegenen Gastgarten bietet.

Und nicht nur das. Auch die inneren Werte des Wirtshauses wissen zu überzeugen. Da ist einmal die recht alpenländisch anmutende Wirtsstube mit den zahlreichen Stahlstichen, auf denen sich erlegte, röhrende oder flüchtende, jedenfalls aber kapitale Hirsche in der Darstellungsmanier des ausgehenden 19. Jahrhunderts gleich scharenweise tummeln. Einen eigenen Reiz für kleinere Tischgesellschaften besitzt der Ofenplatz, eine winzige Nische mit einem kleinen Tisch, an dem gerade eben vier Personen Platz finden.

Den kulinarischen Vogel aber schießt die „Sonne" mit ihrer bodenständigen Küche ab. Einfache, aber deftige Brettljausen und kalte Kleinigkeiten sind es während des Sommers, Hausmannskost und typisch oberösterreichische Küche in guter Qualität ist es im Winter. Vor allem aber das Gebäck ist sensationell. Es soll tatsächlich Gäste geben, die einen ganzen Nachmittag oder Abend lang nur die frisch gebackenen Salzstangerln oder Mohnflesserln verzehren, die im Haus gebacken werden und warm und frisch auf den Tisch kommen. Und regelmäßig heißt es dann warten, bis die nächste Portion aus dem Backofen kommt. Daß dazu das Bier besonders gut schmeckt, versteht sich von selbst.

Familien mit kleineren Kindern werden es zu schätzen wissen, daß ein eingezäunter, zur Straße hin abgeschirmter Spielplatz mit

einer Reihe interessanter Spielgeräte zur Verfügung steht, der zum entspannten Genießen beiträgt und die erwachsenen Gäste ihre ungeteilt Aufmerksamkeit den kulinarischen Herausforderungen zuwenden läßt.
Wer nicht nur um des Essens oder des Biertrinkens willen nach Schwanenstadt kommt, der sollte die rührige Schwanenstädter Kulturszene mit ihren Veranstaltungen wie Programmkino, Modern Dance und Theateraufführungen nicht links liegen lassen. Die mehrmals jährlich stattfindenden Feste der Kulturinitiativen Schwanenstadts sollte man sich ebenfalls nicht entgehen lassen, wird doch mit schöner Regelmäßigkeit zu diesen Anlässen originales Guinness-Bier faßweise von den britischen Inseln eingeflogen.

Abbildung: siehe Bild im Farbteil

Info Preise: 42,– bis 86,– • kinderfreundlich • Gastgarten • Erreichbarkeit: ÖBB bis Schwanenstadt, ca. 1/2 Stunde Fußmarsch.

9

Gasthof Alpenblick

Kirchschlag

4202 Kirchschlag, Rohrach 5, Tel.: 07215/2248, Montag, Dienstag Ruhetag

Gutbürgerliches Landgasthaus in bevorzugter Höhenlage mit verfeinerter regionaler Küche.

Wenn sich in Linz und im Alpenvorland an kühlen Spätherbsttagen oder im Winter der Nebel auf die Landschaft und aufs Gemüt legt, dann ist man gut beraten, entweder zwischendurch oder zumindest am Wochenende in höhere Lagen zu flüchten und das Nebelmeer einmal aus einer etwas abgehobeneren und distanzierteren Perspektive zu betrachten. Das klärt das Hirn und aktiviert die Lebensgeister; diese Erfahrung habe zumindest ich gemacht.

Einen hervorragenden Ankerpunkt für solche Aktivitäten bietet das Restaurant „Alpenblick" an der alten Kirchschlagerstraße am Fuß des Breitensteins. Keine 20 Minuten mit dem Auto oder eine Stunde mit dem Postbus, und man ist bei Sonnenschein und hervorragendem, sehr persönlichem Service und vor allem bei bester Versorgung wunderbar aufgehoben im „Alpenblick".

Ländliche Küche, nach den Gesichtspunkten zeitgemäßer Zubereitung und Präsentation verfeinert, wird dort aufgewartet. Die Palette richtet sich dabei nach den Jahreszeiten und danach, was die Region mit ihren ausgedehnten Wäldern an Verlockendem zu bieten hat. Im Herbst kann das, je nach Waidmannsglück, auch einmal ein Wildschweinbraten sein.

Für weniger handfeste Gemüter hat man auch Speisen parat, die an die Naturküche angelehnt sind, und auch jene, die fleischlosen Genüssen den Vorzug geben, finden immer etwas auf der Speisekarte. Ausgezeichnete Schwammerlgerichte zum Beispiel im Sommer und frische Salate und Kräutersuppen im Frühling.

Eine Spezialität des Hauses – und schon alleine deshalb lohnt sich ein Ausflug zum „Alpenblick" zu jeder Jahreszeit – sind die Strudelkreationen. Eine nicht mehr wegzudenkende Tradition, die die Senior-Chefin Ingrid Kupfer-Raml seit Beginn ihrer Verantwortung für das Haus zu Beginn der 80er Jahre initiiert und bis zu höchster Vollendung kultiviert hat. Das reicht vom saftigen Rhabarberstrudel im Frühsommer bis zu Beerenstrudeln als Abschluß eines Wildgerichts oder zu „sauren" Strudeln mit Fleisch und Innereien.

Damit solche Genüsse wohl begleitet werden, bemüht man sich sehr um die Weinkultur, und jeder findet zu jedem Gericht

den passenden flüssigen Begleiter. Ausgezeichnete Obst- und Beerenbrände schließen neben einer verführerischen Mehlspeispalette abseits der Strudeln ein Menü gediegen ab.
Wer sich nach einem ausgiebigen Mahl die Beine vertreten möchte, der kann das Restaurant gleich zum unmittelbaren Ausgangspunkt machen. Wanderungen auf der alten, noch mit römischen Steinen gepflasterten Saumstraße (der antiken Salz-Bernsteinstraße) führen über Zwettl an der Ruine Lobenstein vorbei bis nach Bad Leonfelden. Rundwege um den Breitenstein strapazieren mit einer durchschnittlichen Dauer von 1 1/2 Stunden deutlich weniger. Obendrein führen sie auch ganz in der Nähe des ehemaligen Badhauses vorbei, in dem Adalbert Stifter in seinen letzten Lebensjahren immer wieder Erholung suchte. Und auf der Strecke zwischen Badhaus und „Alpenblick" zeigt sich an klaren Herbsttagen Oberösterreich von seiner schönsten Seite. Durch die Scharte des Haselgrabens sieht man dann bis weit ins Alpenvorland hinaus. Mit einem Feldstecher kann man dann sogar einzelne Gebäude bis weit über Wels hinaus erkennen.
Wer längere Zeit hier verbringen möchte, der findet im angeschlossenen Hotel Unterkunft. Für Seminare oder Konferenzen stehen entsprechend adaptierte Räumlichkeiten zur Verfügung.

Info Preise: 85,– bis 160,– • kinderfreundlich • Gastgarten • Erreichbarkeit: Bundesbus bis Kirchschlag, 1/2 Stunde Fußmarsch.

10 Gasthaus „Auf der Wies"

Linz

4040 Linz, Leonfeldner Straße 156, Tel.: 0732/254654, Öffnungszeiten: Sonntag abend und Montag Ruhetag

Gemütliches, gutbürgerlich-rustikales Gasthaus mit Schwerpunkt auf feiner Naturküche und zeitgemäß adaptierter historischer Kost. Ein Wirtshaus im besten Sinn des Wortes.

Er ist ein wortgewaltiges Rauhbein, dieser Hubert Kozmich, der mit seiner charmanten und mitunter ebenso reschen Gattin Michaela das alteingesessene Wirtshaus „Auf der Wies" an der Leonfeldner Straße in Urfahr betreibt. Von seinen Wortschöpfungen, die den Nagel auf den Kopf treffen, wird noch einmal die Rede sein. Das „DIN-A4-Schnitzel" ist jedenfalls einer seiner Ausdrücke. Und schon in Zeiten, als dieses großformatige, trockene, bebröselte Unding jene Oberösterreicher, die gut und bodenständig essen wollten, noch überall im Lande ärgerte, war Hubert Kozmich unter jenen, die mit vollwertiger, bodenständiger und lebensbejahender Kost ihre Anhänger fanden.

Für mich gilt er noch immer als einer der Väter der kulinarischen Identitätsfindung Oberösterreichs. Zu Zeiten, als der verdienstvolle Günter Hager der Haute-volée das „Erlebnis Essen" beibrachte, beackerte Hubert Kozmich den Boden für all jene, die sich das „Allegro" Günter Hagers nur von außen ansehen konnten oder wollten.

Noch bevor die Tiefkühlkonzerne Anfang der 80er Jahre auf den zeitgeistigen Zug aufsprangen und ihre Dinkel- und Grünkernlaibchen maschinell hergestellt und bunt beschriftet in die Kühlvitrinen der Supermärkte legten, konnte man schon lange „Auf der Wies" diese Köstlichkeiten verspeisen. Liebevoll hergerichtet, mit knackigen, bunten Salaten. Und allen Gästen gingen die Augen über angesichts der Geschmacksdichte dieser sonst mitleidig belächelten „gesunden" Ernährung.

Es gibt kaum ein Gebiet im Fachbereich Essen, das Hubert Kozmich nicht im besten Sinn des Wortes studiert hat. Von der Etymologie der Speisen und Gerichte bis hin zur Soziologie des Essens – kein Thema, zu dem er nicht Fachliteratur oder Fachwissen beisteuern könnte.

Und dieses Wissen ist nicht grau und staubig, sondern das wird lebhaft in Anspruch genommen. In seinem Gasthaus kann man schmecken, wie Oberösterreich vor Jahrhunderten geschmeckt hat und was daraus geworden ist.

Dabei hebt er mit seinen Speisen nicht ab. Gemütliche Hausmannskost bietet er an. Aber jeder wahre Kenner entdeckt darin jene Portion Exotik, die eben Verschollenem oder Vergessenem und Wiederentdecktem anhaftet.

Ob das Bruckners geliebter „Oafisch" ist oder ein Krautstrudel, ob es Kalbsbackerln sind oder ein „Äpfelkoch", eine „Brezen-, Beugl- oder Panadlsuppe" oder eine Rahmsuppe mit „Schnittl'n" ist – hier wird oberösterreichische Speisentradition wieder lebendig.

Vom kulinarisch kultivierten Fasten bis zum Schlemmen, mit allem kann das Wirtshaus „Auf der Wies" aufwarten. Und mit einer Besonderheit beim Wein. Für den verpönten „Doppler" (er deckt sich nur bei den besten Winzern ein) hat Hubert Kozmich den liebevollen Namen „Volks-Magnum" erfunden. Das jeweils aktuelle Angebot entnimmt man dann einer der Schiefertafeln im Lokal. Genauso wie das häufig wechselnde Speisenangebot. Ganz einfach und unkompliziert.

So, wie sich die Oberösterreicher idealisierend gerne darstellen: ein wenig goschert, ein bisserl schwerfällig als Tarnung der Bauernschläue, trotzdem grad und gutmütig, gemütlich, dabei voller augenzwinkernd verheimlichter Schätze im Innern und liebenswert selbstbewußt. So ist die Stimmung beim „Wirt auf der Wies".

Info Preise: 80,– bis 160,– • Gastgarten • Erreichbarkeit: ESG-Linien 1 oder 38 (Haltestelle Gründberg)

11 LANDGASTHOF FÜHRER

SEEWALCHEN

4863 Seewalchen, Neubrunn 9, Tel.: 07662/8584, Öffnungszeiten: tägl. 7.00–24.00 Uhr,

Repräsentatives Hotelrestaurant mit solider Küche in angenehmem Ambiente.

Keineswegs arm an Restaurants ist die Region rund um den Attersee. Wer sich in dieser noblen Gegend allerdings einmal eine Verschnaufpause für sein Geldbörsel wünscht und trotzdem gut essen gehen möchte, dem sei der Landgasthof Führer bei Seewalchen wärmstens ans Herz gelegt. Ein mächtiges, neu renoviertes und gediegen gestaltetes Haus, das nicht mehr ganz am Land, sondern mittlerweile in einem Siedlungsgebiet liegt, ist dieser Landgasthof. Vor wenigen Jahren noch saß man hier tatsächlich am Land in einem kleinen, eher bäuerlich anmutenden Wirtshaus. Heute kann man wählen zwischen einer der Stuben und Stübchen oder dem Wintergarten, der allerdings zumeist den zahlreichen Hausgästen des angeschlossenen Hotelbetriebs vorbehalten ist.

Ein herzlicher Empfang, ausgesuchte Höflichkeit, flinke Küche, freundliche und sachkundige Beratung bei der Speisenzusammenstellung, das sind die hervorzuhebenden Plus-Punkte auf der Serviceseite. Angenehme Speisenzusammenstellung und solide Zubereitung ohne experimentelle Höhenflüge machen das Restaurant für Familien mit Kindern, für kleine Gruppen, für Senioren und für qualitätsbewußte Geschäftspartner ohne astronomische Repräsentationsbudgets zur prädestinierten Anlaufstelle.

Die Speisen sind von solider Qualität und lehnen sich an die internationale Küche an, wobei auch regionale Einflüsse miteinbezogen werden. Das Fleisch ist gut, die Beilagen sind üppig, und der Koch getraut sich in den Gewürztiegel zu greifen, ohne dabei aber die Geschmacksnerven über Gebühr zu strapazieren. Diverse Spezialitätenwochen und Spezialarrangements zu Festtagen runden die Palette der vielfältigen, im wesentlichen aber am Mainstream orientierten Karte ab.

Ein kleines Glanzlicht setzen einer Einkehr in Führers Landgasthof die Nachspeisen auf. Hier wird mit großem Gefühl ans Werk gegangen. Das Schokomousse ist ein Traum und die Malakoffterrine zum Verlieben.

Info Preise: 75,– bis 180,– • kinderfreundlich • Gastgarten • Erreichbarkeit: ÖBB-Linie Vöcklabruck–Kammer, Haltestelle Siebenmühle-Rosenau.

12 HOTEL ZUM GOLDENEN ADLER

FREISTADT

4240 Freistadt, Salzgasse 1, Tel.: 07942/2112, Öffnungszeiten: 7.00–24.00 Uhr, warme Küche von 10.00–22.00 Uhr, kein Ruhetag

Gutbürgerliches Gasthaus mit angeschlossenem Hotelbetrieb, das Bierküche mit dezent böhmischem Einschlag kultiviert.

Das Bier ist allgegenwärtig in Freistadt. Und das nicht nur in den Bierkrügen, sondern auch in den Pfannen und Reindln in den Küchen. So auch beim Goldenen Adler. Und weil Böhmen und seine legendäre Küche nicht weit sind, ist auch das böhmische Bierfleisch ein Dauerbrenner auf der Speisekarte. Gleich gefolgt allerdings vom Mühlviertler Bierschnitzerl und anderen Mühlviertler Spezialitäten wie etwa dem Schweinsbraten aus dem Holzkohlenofen, der sich hier in Vollendung präsentiert. Aber auch auf die Zubereitung von Fisch versteht man sich im klassizistischen Eckhaus an der Salzgasse. Den Zander sollte man sich nicht entgehen lassen. Ebenso wenig wie diverse andere Fischgerichte, die rund um den Aschermittwoch Hochsaison haben. Für kulinarische Einflüsse aus unserem nördlichen Nachbarland sorgt zeitweilig ein böhmischer Koch, der der Hausfrau und Küchenchefin zur Hand geht.

Zur Bierkultur ist zu erwähnen, daß der Hausherr selbst auch Mitglied der Freistädter Braucommune ist und daher „sein" Bier kultiviert und beispielsweise auch im Gastgarten, der sich zur Stadtmauer hin öffnet, serviert. Im Haus selbst war in den Urzeiten der Freistädter Braukunst eine Weißbierbrauerei untergebracht, an die noch in einem kleinen museumsähnlichen Raum erinnert wird.

Das heutige Brauhaus in Freistadt beherbergt übrigens eine Galerie, die sehr ambitioniert betrieben wird und in der mitunter auch andere Kulturveranstaltungen abgehalten werden.

Eine Spezialität Freistadts sind in jüngerer Zeit zwei Störche, die jeden Sommer auf einem Schlot in der Nähe der Brauerei ihr Nest beziehen und der Mühlviertler Gemeinde einen pannonischen Anstrich geben.

Info Preise: 60,– bis 195,– • kinderfreundlich • Gastgarten • Erreichbarkeit: ÖBB oder Bundesbus bis Freistadt.

13 MOSTB'SCHOAD KRANICHSTEG

ST. KONRAD

4817 St. Konrad, Steg 15, Tel.: 07615/8031, Öffnungszeiten: 9.00–24.00 Uhr, warme Küche 9.00–21.00 Uhr, Mittwoch, Donnerstag Ruhetag

Stimmungsvolles Landgasthaus mit angeschlossener Fleischerei und Salzkammergut-spezifischer Küche. Kunsthistorisch interessante Zülow-Stube.

Ein entlegenes, kleines Tal zwischen Scharnstein und Gmunden ist es, und man würde sich keineswegs wundern, hier auf Kraniche zu treffen. Speziell im Herbst, wenn dieser Landstrich eine ganz eigenartige Stimmung in sich trägt, wenn das dürre Gras am Bach hinter dem Sägewerk hoch steht und die Erlen schon ihr Laub verloren haben. Dann ist das Licht so außergewöhnlich, als wäre man irgendwo im Baltikum unterwegs. Oder liegt es vielleicht doch daran, daß man die Sichtweise von Franz von Zülow unbewußt übernimmt, seine glasklare Sicht von einer Landschaft, die er samt dazugehörigen idyllisch werkenden Bauern als Jahreszeitenlauf an die weiß getünchte Wand in der Bauernstube in der „Mostb´schoad Kranichsteg" gemalt hat?
Korrigierend greift dann die Wirtin, Doris Desmarets-Pöll, ein, die darüber aufklärt, daß der „Kranich" im Liegenschaftsnamen von „Hranice" oder „Granitza", also einem slawischen Wort für Grenze stammt, die der Laudachbach hier zwischen der Herrschaft Scharnstein und der Grafschaft Ort gebildet hat.

Grenzenlos dagegen ist die Aufmerksamkeit, mit der dem Gast hier begegnet wird. Die Wirtin und ihr Personal verstehen es, dem Publikum die schönsten Seiten heimischer Kost mit allerlei Geschichten nahezubringen. Besonders einprägsam ist die Geschichte von der Hexe Kranawitta, die hier an den Ausläufern des Traunsteins gehaust haben soll. Nicht sie persönlich, sondern die Kranewitten, der Wacholder, der hier noch wächst, kommt im Kranewittbratl zu würzigen Ehren. Die Hexengeschichte bietet dazu allerdings einen märchenhaften Rahmen.
Und märchenhaft ist auch zur richtigen Zeit der Schwammerlrostbraten, der hier berühmt ist. Kommt das Fleisch dazu doch aus der angeschlossenen Fleischhauerei und eine Reihe anderer Zutaten entweder aus den umliegenden Wäldern oder, wie die gekonnt eingesetzten frischen Kräuter, aus dem eigenen Garten.
Eine Köstlichkeit, die bei aller Einfachheit hier ebenfalls sehr zu empfehlen ist, ist eine Portion Kasknödel, die mit brauner Butter und buntem Salat serviert werden.

Daneben alle Arten vollwertiger Nockerln, Knöderln und was halt Almtal und Salzkammergut an verfeinerbaren Köstlichkeiten so bieten können. Durchwegs einfache Gerichte zwar, die aber durch eine entsprechende Würzung und Präsentation an Klasse gewinnen.

Einen netten Anknüpfungspunkt an den Namen „Most-B´schoad" bildet das B´schoad-Pinkerl mit allerlei Almtaler Spezialitäten, das man hier zum Mit-nach-Hause-Nehmen erstehen kann. Allein, der Most genießt in diesem Haus kein Exklusivitätsrecht. Er teilt sich den Platz auf der Getränkekarte mit frisch gezapftem Bier und einer erfreulichen Auswahl österreichischer und internationaler Weine.

Spezialitätenwochen, so auch französische, runden den Jahreslauf im Wirtshaus zum Kranichsteg abwechslungsreich ab.

Info Preise: 75,– bis 185,– • kinderfreundlich • Gastgarten • Erreichbarkeit: Bundesbus bis Kranichsteg.

14 MASNÉ KRÁMY

BUDWEIS

Budweis, Kraijnská Ulice, Tel.: 0042/38/32652 oder 37957, Öffnungszeiten: 10.00–24.00 Uhr, kein Ruhetag

Alteingesessene böhmische Bierstube mit Speiselokal in einer ehemaligen Markthalle in zentraler Lage.

Als einer der schönsten Plätze Mitteleuropas gilt der große Platz in unmittelbarer Nähe des Schwarzen Turms in Budweis. Das alte Zentrum dieser seit Jahrhunderten mit Österreich in intensivem Austausch stehenden Stadt vermittelt vielfach noch das Flair der Monarchie und der Zeit davor. Wer diese Stimmung der alten Zeit, wie sie uns beispielsweise Jaroslav Hašek in seinem „Schweijk" mit den Schilderungen aus dem Prager Wirtshaus „Ú Fleckú" überliefert hat, noch nachvollziehen möchte, der darf an einer böhmischen Bierstube nicht vorbeigehen.
Ein zwar für den Tourismus der vergangenen Jahre adaptiertes, aber im Kern noch immer ursprüngliches Wirtshaus solch böhmischer Prägung ist das Lokal „Masné Krámy" in der Kraijnská-Straße, einer Seitengasse des großen Platzes. Ursprünglich eine Markthalle, dient es schon seit geraumer Zeit als Wirtshaus. In den Wandnischen, in denen früher die Händler ihre Plätze hatten, sitzt man heute recht gemütlich an zünftigen Tischen oder zwischen Mai und September im Garten. Sehr sauber und gepflegt ist der Gesamteindruck, und das Personal ist mit leidlichen Deutschkenntnissen sehr bemüht um seine Kundschaft.
Wer allerdings erwartet, daß ihn dort die typische böhmische Küche mit ihren Powidltascherln und allen anderen Sehnsuchtsträgern altösterreichischer Fleisch- und Mehlspeisherrlichkeit auf den ersten Blick anspringt, der wird seine Enttäuschung erleben.
Geheimnisvoll verschlüsselt hinter kryptischen Übersetzungsversuchen auf der Karte für Touristen bedarf es schon einer gehörigen Portion Beharrlichkeit und schließlich auch Risikobereitschaft, um die Reste böhmischer Küchenvergangenheit behutsam aus dem zeitgenössischen Gewand zu schälen.
Zu den denkbar unpassendsten Gerichten nämlich werden hier leider – eine Folge der zweifelhaften Segnungen nach der Wende – Pommes Frites gereicht. Die sollte man schon einmal aus Rücksicht auf Galle und Leber dankend ablehnen und dafür eher je nachdem, was passender ist

entweder Böhmische Knödel oder Semmelknödel oder geriebene Knödel oder Erdäpfel in den verschiedensten Varianten gegen Aufpreis dazubestellen.

Karpfen auf Gratzener Art oder gebacken kann recht gut sein (zu letzterem empfiehlt sich Erdäpfelsalat), ebenso gebratene Ente oder der Masné-Krámy-Schmaus, eine Art böhmischer Bauernschmaus. Darüber hinaus wechselt die Tageskarte täglich, und auch hier lassen sich vernünftige Gerichte finden.

Das beste aber ist hier sicherlich das Bier. Typisch böhmisch rinnt das Budweiser Pils die Gurgel hinunter, und wer mehr als ein Glas genießen möchte, der sollte sich für die leichtere 10°-Variante entscheiden. Mit etwas weniger Stammwürze und entsprechend weniger Alkohol ist es genauso geschmackvoll und beeinträchtigt das Wahrnehmungsvermögen nicht so sehr wie die entsprechende Quantität des Pilsener Typs.

Kleinigkeiten zum Drüberstreuen und Gustostückerln für den kleinen Hunger zwischendurch stöbert man allerdings nicht hier auf, sondern – eine typisch tschechische Einrichtung – in einer der zahlreichen Imbißstuben (Jidelna), die kalte Speisen (Studená Jidla) oder warme Kleinigkeiten (Teplá Jidla) in außergewöhnlichem Variationenreichtum zu sensationellen Preisen und zum Verzehr im Stehen anbieten.

Was die Kultur abseits des Essens betrifft, sei nur kurz auf die interessante Altstadt hingewiesen, auf das Jagdschloß Hluboká und auf Krumau. Für Angler interessant sind die ausgedehnten Teiche, die sich östlich von Budweis über ganz Südböhmen erstrecken und in denen mit Tageskarten gefischt werden kann. In der anderen Himmelsrichtung steht der Moldaustausee für Badeausflüge zur Verfügung, und dort begegnet man auch der Erinnerung an Adalbert Stifter, dessen Geburtshaus in Hórny Plana gerade nicht mehr von den Fluten der aufgestauten Moldau verschluckt worden ist.

Info Preise: 40,– bis 80,– • kinderfreundlich • Gastgarten • Erreichbarkeit: ÖBB bis Budweis.

15 GASTHOF MAYR

ST. ULRICH BEI STEYR

4400 St. Ulrich/Steyr, Pfarrplatz 3, Tel.: 07252/52091, Öffnungszeiten: 10.00–24.00 Uhr, Montag Ruhetag

Imposanter Landgasthof mit gediegener Innenausstattung und abwechslungsreicher oberösterreichischer Kost. Zahlreiche kulinarische Aktivitäten. Seminarhotel.

Weitverzweigt ist die Gemeinde St. Ulrich bei Steyr. Sie reicht von der Haustür Steyrs Richtung Laussa bis nach Kleinraming. Das eigentliche Ortszentrum aber bildet auf einem kleinen Berg ein Ensemble aus Pfarrkirche, Gemeindeamt und dem Dorfwirt Josef Mayr. „Dorfwirtshaus", so nennt auch der Hausherr sein Gasthaus. Und das wahrscheinlich deshalb, weil hier auch ein ganzes Dorf verköstigt werden könnte. Entweder in einer der zahlreichen Stuben und Stübchen oder im Jagdsaal, einem der schönsten Wirtshaussäle, die Oberösterreich zu bieten hat. Hell und mit ungezählten Sprossenfenstern rundum macht er nicht den dumpfen und muffigen Eindruck, den viele Wirtshaussäle verbreiten. Die schweren, alten Tische, die zu lockeren Grüppchen arrangiert sind, lassen keine Buswirtshausstimmung aufkommen, und die zahlreichen Hirschtrophäen und andere jagdliche Souvenirs – der Hausherr ist ein passionierter Jäger – vermitteln eher den Eindruck eines landedelmännischen Repräsentationsraumes.

Neben der Dorfbevölkerung, die hier ganz nach den Vorstellungen von Josef Mayr ein dörfliches Kommunikationszentrum und eine Bleibe für die zahlreichen Vereine von den Jagdgenossen bis zur Blasmusik gefunden hat, schätzen aber auch Genießer aus ganz Oberösterreich und eine Reihe von Firmen die Gastlichkeit des Mayr´schen Gasthofs und gestalten hier in der ländlichen Ruhe firmeninterne Seminare und Veranstaltungen.

Darüber hinaus ist Josef Mayr sehr rührig, was die Aktivitäten in seinem Gasthof betrifft, und erfindet immer wieder neue Attraktionen für seine Gäste. Eine Auszeichnung als „Wirt des Jahres" durch einen deutschen Fachbuchverlag für Gastronomie unterstreicht dies eindrucksvoll. Vom „Mayrischen Herbst" bis zu Wildwochen und Ganslpartien unter dem Motto „Gans ganz anders" hat er mit seinem Team immer neue kulinarische Trümpfe im Talon.

In der Küche setzt man hier auf Althergebrachtes, und so rangiert der Schweinsbraten als Hauptspeise neben Schnitzl und anderen Schweinefleischzubereitungen an erster Stelle in der Publikumsgunst. Erdäpfel und Strudeln, die je nach Jahreszeit mit Frühlingsgemüse oder Schwammerln gefüllt sind, bilden hier die Umrahmung für die Hauptspeisen. An Süßem reicht hier die Palette vom Marmorkuchen bis zu Topfennockerln und zu Palatschinken in allen jahreszeitlichen Variationen. Das Repertoire an guten Weinen und ausgezeichneten Edelbränden sorgt in diesem Haus für eine stilgerechte Menüzusammenstellung, bei der das Personal zuvorkommend und kompetent hilfreich ist.

Kulturell bietet Steyr, dessen Zentrum mit einem bequemen Fußmarsch in einer guten halben Stunde zu erreichen ist, eines der schönsten altstädtischen Ensembles mit Uferpromenaden, einem wunderschönen Stadtplatz, dem gotischen Bummerlhaus und einigen ausgezeichneten Restaurants. Das Hotel Mader am Stadtplatz und das Romantikhotel Minichmayr in der Haratz-Müller-Straße seien hier empfehlend erwähnt. Sie scheinen auch in jedem ernstzunehmenden Gastronomieführer auf.

Daneben hat die alte Eisen- und Industriestadt Steyr mit dem sogenannten Wehrgraben auch noch eine städtebauliche Besonderheit anzubieten: Ein Ensemble aus alten Industriegebäuden, das sich entlang eines Mühlbachs und des Steyrflusses hinzieht. Nach langandauernden Bürgerprotesten in den 70er und 80er Jahren wurde es doch nicht der Erschließung durch Großraumparkplätze und Wohnsilos geopfert, sondern zum Teil vorbildlich revitalisiert und mit einem Museum zur Arbeitswelt in den ehemaligen Hack-Werken zum Zentrum einer Landesausstellung gemacht.

Für Nostalgiker bietet sich schließlich die Steyrtalbahn, eine der letzten dampfbetriebenen Museumsbahnen auf Schmalspurgeleisen, für einen stimmungsvollen Ausflug an.

Abbildung: siehe Bild im Farbteil

Info Preise: 75,– bis 180,– • kinderfreundlich • Gastgarten. • Erreichbarkeit: Bundesbus bis St. Ulrich/Steyr.

16 Gasthof Rösslwirt

Perg

4320 Perg, Hauptplatz 16, Tel.: 07262/52382, Öffnungszeiten: 9.00–24.00 Uhr, Sonntag Ruhetag

Stattliches, gutbürgerliches Gasthaus im Zentrum von Perg mit duftiger Naturküche und empfehlenswerten Salatspezialitäten.

Es ist ein gutes Land, wohl wert ....“ Das Machland. Das einzige Handicap, nämlich daß sich die Donau alle paar Jahre mit zerstörerischer Kraft über die Ufer schwingt, gleicht das Tiefland durch eine Vielfalt an Gemüsen und Genüssen aus. Von den Erdäpfeln, die als „Heurige“ schon früh im Sommer aus der Erde kommen, bis zu den Erdbeeren und der Vielfalt an Salaten, die die Gemüsegärtner in diesem Landstrich ziehen. Der Wald am Südabhang des Mühlviertels bringt Schwammerln und Wild, und Naarn, Aist und Donau liefern die Fische. Beste Voraussetzungen also für kreativen Umgang damit in der Küche. Und genau das ist es, was Elisabeth Froschauer beim Rößlwirt in Perg tut. Nicht mehr und nicht weniger als das, was das Land bietet, verarbeiten. Leicht und g´schmackig.

Gerade die Salate sind es, die hier hoch im Kurs stehen, ist der Rößlwirt doch ein beliebtes Ziel für Radfahrer, die sich der Donau entlang in Richtung Wachau oder Oberes Donautal abstrampeln. Und dergestalt sportliche Naturen laben sich natürlich gerne vitaminreich. Daß dabei aber auch das Kraftfutter nicht zu kurz kommt, dafür sorgt die Hausherrin mit einer Fülle an Erdäpfelzubereitungen. Wer´s nicht ganz fleischlos liebt, dem seien leckere Geflügelzubereitungen in balsamischen Weinsaucen empfohlen oder leichte Fischgerichte. Ein Gedicht: das Schafkäsetartare, das angereichert mit frischen Kräutern und einer Salatgarnitur in Balsamico-Essig als Vorspeise einen Eindruck von der Küchenlinie bietet. Aber auch mit Spargel und leichten Fleischgerichten kann die Rößlwirtin aufwarten. Ganz nach Gusto. Und wenn´s gewünscht wird, auch mit einem deftigen Schweinsbraten. Daß im Sommer Schwammerln und im Herbst Wild und Wassergeflügel Hochsaison haben, braucht wohl nicht ausdrücklich erwähnt werden.

Zu allen Gerichten finden sich hier auch die passenden Weine. Resch, fruchtig und säurebetont zu den Salatkreationen, füllig und extraktreich zu den herbstlichen Gerichten.

Das Haus ist mit seiner leicht bäuerlichen Struktur typisch für die kleinen, ländlichen Städte. Direkt neben der Pfarrkirche gelegen, dürfte es aber früher wohl zu den herrschaftlichsten in der ganzen Gemeinde gezählt haben. Immerhin belegt der Name „Rößlwirt“ ja ein Naheverhältnis zu Pferden. Man befindet sich also in einer ehemaligen Pferde-Wechselstation. Und solche Häuser hatten ja beinahe halbamtlichen Charakter. Die Gewölbe und die traditionelle Struktur aus dieser Zeit sind auch heute noch ablesbar. In einem Nebentrakt hat der Vater der heutigen Wirtin sogar ein eigenes kleines Kutschenmuseum eingerichtet, in dem auch größere Gesellschaften in stimmungsvoll-musealer Umgebung unter sich sein können.

Touristisch hat die Umgebung gleich mehrere Spezialitäten anzubieten. Historisch interessant ist das Steinzeit-Freilichtmuseum in Mitterkirchen, ein trauriges Kapitel die KZ-Gedenkstätte in Mauthausen. Das Kloster Baumgartenberg ist wegen seiner Fresken einen Besuch wert, und Ornithologen finden am Hüttinger Arm und auf der gegenüberliegenden Seite der Donau bei Ardagger im Krennerhaufen eine exquisite Vogelfauna mit zahlreichen seltenen Wasservögeln, die hier überwintern. Im Sommer ist der Donauradwanderweg naturgemäß die am meisten frequentierte Attraktion.

SPINATNOCKERLN

Zutaten:
25 dag frischer Blattspinat
2 Eßlöffel Mehl
5 dag Butter
15 dag Schinken oder Geselchtes
5 dag Parmesan
25 dag Erdäpfel
12 dag Bröseln
4 Eier
Basilikum, Dill
Salz, Pfeffer, Muskatnuß, Knoblauch

Zubereitung:
Die gekochten Erdäpfel durch ein Sieb drücken. Mit Weißbrot oder Schwarzbrotbröseln, Eiern und den frischen Gewürzen (Basilikum, Dill) gut vermischen. Den blanchierten Blattspinat, das Mehl und den zerdrückten Knoblauch dazugeben und noch einmal gut durchmischen. Aus dem Teig Nockerln formen und 7 Minuten im kochenden Salzwasser ziehen lassen. In Butter schwenken und mit dem in Streifen geschnittenen, angebratenen Schinken und dem frisch geriebenen Parmesan und Blattsalaten servieren.

Info Preise: 65,– bis 255,– • kinderfreundlich • Gastgarten • Erreichbarkeit: ÖBB oder Bundesbus bis Perg • Freizeitangebot: Donauradweg, Freilichtmuseum Mitterkirchen.

17 „Hofwirt" Gasthof Schröck

Bad Hall

4540 Bad Hall, Hehenberg 1, Tel.: 07258/2274, Öffnungszeiten: 9.00–22.00 Uhr, warme Küche 11.30–14.00 Uhr, 17.00–22.00 Uhr. Montag, Dienstag Ruhetag

Alteingesessener Landgasthof mit schönem Kastaniengarten in ruhiger Lage. Schwerpunkt auf der regionalen und der Naturküche. Fischspezialitäten, Fischwasser für Hausgäste.

Seit 400 Jahren schon bewirtet man im Haus in Hehenberg seine Gäste. Und der Umgang mit den hungrigen Fremdlingen scheint seinen Besitzern in Fleisch und Blut übergegangen zu sein. Sehr freundlich und persönlich wird auch ein wildfremder Gast hier empfangen und betreut. Man empfiehlt, berät unaufdringlich bei der Zusammenstellung der Speisen und korrigiert eventuelle falsche Erwartungen der Gäste im Hinblick auf Würzung, Speisencharakter oder Portionsgrößen und nimmt damit auch in Kauf, daß dann vielleicht einer billigeren Variante der Vorzug gegeben wird. Das hat Stil. Das macht dieses Wirtshaus zu einem Ort, an den man gern zurückkehrt.

Natürlich auch wegen des schönen, ruhigen Gastgartens hinter dem Haus, das knapp 100 Meter abseits der stark befahrenen Bundesstraße den Lärm abhält. Neugierige entdecken bei einem Rundgang hinter einer Hecke ein kleines Paradies mit einem großen Blumen- und Gemüsegarten und mit Teichen. Und deren zahlreiche Bewohner helfen dann auch zu erklären, daß sich dieses Wirtshaus in den 60er und 70er Jahren als klassisches ländliches Fischlokal verstanden hat. Ein Fische schlemmender Mensch ist nämlich abgebildet auf den kleinen Emblemen, die die Teller beim Hofwirt Schröck als spezielles Hausporzellan ausweisen.

Die Fische bilden noch immer einen der Schwerpunkte. Karpfen und Forellen, und das in mehreren Varianten. Serbisch oder gebacken kommt der Karpfen auf den Tisch, nach Art der schönen Müllerin oder polnisch wird die Forelle zubereitet. Daneben aber bietet man noch andere Leckereien aus der näheren Umgebung an. Schafkäse zum Beispiel. Frisch und nur während der Saison von April bis September zu bekommen. Oder Wildschwein- und Hirschschinken. Eine Köstlichkeit, die mit Schwarzbrot und Oberskren serviert wird.

Man kann sich aber auch mit „Kleinigkeiten" von der Extrakarte behelfen. Von der reichhaltigen Hehenberger Brettljause über Wurstsalat und Rindsgulasch bis zum

Schinkenstangerl mit Kren reicht hier die Palette. Und die Stangerln, die sind ein Kapitel für sich. Keine Normstangerln erscheinen hier, sondern die reschen, handgewutzelten. Ein Gedicht.

Lobgesänge lösen aber auch die goldbraunen Hühnerbrüstchen in der Kräuterpanade auf dem Backhendlsalat aus, und wer´s gern deftig hat, der hat die Auswahl unter mehreren Zubereitungsvarianten vom Schweinskotelett. Ganz zu schweigen von einer Spezialität des Hauses, die hier in Gestalt eines Mostlungenbratens auftritt.

Der Frühsommer bringt hier Spargel in verschiedenen Zubereitungen auf den Tisch, der Sommer den weitum gefragten Saibling aus eigenen Gewässern und der Herbst Wildspezialitäten mit einer wärmenden Wildpüreesuppe, würzigem Hirschragout oder Rehbraten. Als Nachspeise landen dann Powidltascherln, wie sich´s gehört aus Erdäpfelteig, oder ein Gewürzkuchen. Eine solide Weinauswahl rundet das Angebot ab.

Petrijünger tun gut daran, sich im angeschlossenen Hotelbetrieb häuslich niederzulassen. Etliche Kilometer Fischwasser stehen hier für Hausgäste zur Verfügung, sofern sie den feinen Umgang mit der künstlichen Fliege beherrschen.

Philosophen besuchen den Baum mitten in der Welt in der Nähe von Kremsmünster. Einen „locus perennis“, der im Zuge einer der Kartierungen des Landes als geodätischer Fixpunkt geschaffen wurde.

Info Preise: 60,– bis 160,– • kinderfreundlich • Gastgarten • Fischwasser • Hotelbetrieb • Erreichbarkeit: Bundesbus bis Hehenberg.

18 Gasthaus zur Steyrbrücke

St. Pankraz

4572 St. Pankraz, Kniewas 17, Tel.: 07565/3130, Öffnungszeiten: 10.00–21.00 Uhr, Montag Ruhetag

Gemütliches Landwirtshaus an der Steyr mit gehoben-ländlicher Küche und umfangreichem Freizeitangebot in der unmittelbaren Umgebung.

In der Kolonne an der Gastarbeiterroute zwischen Klaus und Windischgarsten wird das blau gefärbelte Wirtshaus „Zur Steyrbrücke" an der Abzweigung nach Hinterstoder schon so manchen Autofahrer in seinem glühenden Vehikel wie die Fata-Morgana einer Oase verführerisch angeblinzelt haben. Und wer sich bisher noch nicht die Zeit zu einer Einkehr genommen hat, der sollte das schleunigst nachholen. Keine Raststation im üblichen Autobahn-Format, sondern ein zwar modern organisiertes, aber recht originelles Wirtshaus mit freundlicher, ländlicher Küche erwartet den Gast. Und drumherum noch eine große Palette an Freizeitangeboten. Vom Campingplatz bis zur Badegelegenheit, von der Schifferlvermietung bis zum Tauchcamp, von der Wildwasser-Paddelstrecke bis zum Bungee-Jumping für Selbsterfahrungs-Abenteurer: das Umfeld des Klauser Stausees wartet hier mit einer Reihe von Attraktionen für die ganze Familie auf.

In der Küche der „Steyrbrücke" waltet die Kerbl-Oma. Ein freundliches Original und eine großmütterliche Köchin, wie man sie sich als Gast nur wünschen kann, weil dabei wirklich Assoziationen an Omas Küche aufkommen. Auf der Grundlage einfacher, bäuerlicher Küche hat sie sich keineswegs den aus ihrer Sicht wohl „neumodischen" Entwicklungen von leichter Küche oder Kräuterküche verschlossen, sondern umgelernt und sich zum Beispiel ihren eigenen, kleinen Kräutergarten hinter dem Haus angelegt, um immer frische Küchenkräuter – und damit sind nicht bloß Petersilie und Schnittlauch gemeint – bei der Hand zu haben.

Kräutercremesuppen oder Kräuterschnitzerln, leichte, kross gebratene Stücke vom Schwein mit duftigen Salaten sind ein Beispiel für die Konsequenzen dieser Auseinandersetzung. Überhaupt wird hier der Großteil der Speisen aus dem Schwein gewonnen. Und damit hat es seine besondere Bewandtnis.

Sozusagen „Recycling-Schweine" stehen hier auf der Speisekarte. Als unruhiger Erfindergeist nämlich hat Hausherr Willibert Kerbl das Problem der Küchentrank-

Entsorgung in seinem eigenen Betrieb so lange kalkuliert, bis er vor einigen Jahren eine den veterinärmedizinischen und hygienischen Vorschriften entsprechende Küchentrank-Entsorgungs- und Aufbereitungsanlage in Betrieb genommen hat. Die Küchenabfälle aus seinem eigenen Gastbetrieb und aus Großküchen sowie aus etlichen umliegenden Gastronomiebetrieben wandern jetzt in einen Kessel in einem Nebengebäude und werden dort computergesteuert zu nahrhaftem Futter für das Borstenvieh im eigenen Stall veredelt. Schmeckt nicht schlecht, das Recycling-Bratl.

Ein originelles Detail zum Thema Trinkkultur noch am Rande: An der Ausschank mit ihrer Bar ist ein Schattenbildnis des biertrinkenden Wirts in irritierend lebensechter Haltung an der Wand aufgemalt, das einen auch als einzelnen stillen Zecher in, wenn auch stummer, Gesellschaft sein läßt.

Info Preise: 75,– bis 160,– • kinderfreundlich • Gastgarten • Erreichbarkeit: ÖBB Pyhrn-Bahn bis Hinterstoder; Bundesbus bis Steyrbrücke • Freizeitangebot: Tauchen, Bootsvermietung, Stausee Klaus, Bungee-Jumping.

19 BRÄUHOF AICHINGER

NUSSDORF/ATTERSEE

4865 Nußdorf am Attersee, Am Anger 1, Tel.: 07666/8007, Öffnungszeiten: 8.00–24.00 Uhr, Montag, Dienstag vormittag Ruhetag

Kultivierter, alteingesessener Bräugasthof im Zentrum von Nußdorf mit besonderem Zugang zur Altwiener Küche und zur Zubereitung von Innereien.

Hier könne man wienerischer essen als in Wien selbst, behaupten spitze Zungen, wenn sie vom Bräugasthof Aichinger in Nußdorf sprechen. Hier am Westufer des Attersees wird zwar schon lange nicht mehr Bier gebraut, dafür aber hat man der Wiener Küche, die im Gefolge Kaiser Franz Josefs an den Attersee gelangt ist, ein kulinarisches Denkmal errichtet, das seinesgleichen sucht. Und dabei hat man in diesem Haus neben der Rindfleischzubereitung, wie weiland bei Meißl & Schaden in Wien, der Innereienküche besonderes Augenmerk geschenkt. Eine Tatsache, die so manchen Nierndl-, Leber- oder Briesmuffel eines besseren belehren kann.

Hirnpofesen als Einlage für eine ordentliche Rindssuppe eröffnen hier beispielsweise gerne ein Menü. Im Sommer vielleicht ein in Butter glaciertes Bries auf Blattsalaten. Für die Anhänger leichter Küche wartet ein mit Blattspinat überbackenes Hirn oder Bries im Bierteig. Für die, die´s gerne deftiger und trotzdem fein haben wollen, empfehlen sich saure Nierndln, gepflegte Salonbeuscherln oder, ganz klassisch, der Tafelspitz. Keinesfalls eine Angelegenheit für Traueranlässe ist das Rindfleisch mit Semmelkren, das traditionelle Gericht für Totenzehrungen.

Palatschinken und andere typisch wienerische Mehlspeisen sollten eine Mahlzeit im Bräugasthof Aichinger beschließen.

Daß diese Abschlüsse möglichst lange hinausgezögert werden, dafür sorgt schon der malerische Kastaniengarten vor dem stattlichen Haus, von dem aus man das Treiben auf dem Marktplatz von Nußdorf beobachtet. Stundenlang könnte man hier sitzen und genießen.

Zum Beispiel ein kühles Bier, dessen kultivierter Pflege im ehemaligen Brauhaus natürlich größte Aufmerksamkeit angedeiht. Aber hier versteht man sich auch auf den Umgang mit dem Wein. Und so erlebt man zu den feinen Innereien wunderbare geschmackliche Kombinationen mit ausgesuchten österreichischen Gewächsen.

Daß der Attersee, die nobelste Badewanne Österreichs, an sich schon eine Attraktion darstellt, ist bereits mehrfach erwähnt wor-

den. Aber auch wenige Kilometer im Hinterland lassen sich Reize finden. Das Kinderweltmuseum in Schloß Walchen beispielsweise oder St. Georgen im Attergau. In der Hochsaison das Zentrum des Attergauer Kultursommers, der hier alles, was in der Kunstwelt Rang und Namen hat, im August zum Kulturgenuß vereint.

Info Preise: 60,– bis 220,– • kinderfreundlich • Gastgarten • Erreichbarkeit: Lokalbahn Vöcklamarkt–Attersee bis Walchen, Linienbus bis Nußdorf • Freizeit: Kinderweltmuseum Schloß Walchen, Attergauer Kultursommer.

20 GÄSTEHAUS FAUST-SCHLÖSSL

LANDSHAAG

4101 Feldkirchen/D., Oberlandshaag 2, Tel.: 07233/7402, Öffnungszeiten: 16.00–24.00 Uhr, warme Küche ab 17.00 Uhr (nach Voranmeldung auch mittags geöffnet). Samstag, Sonntag 11.00–14.00 und 17.00–22.00 Uhr, Dienstag Ruhetag

Hotel und Restaurant mit Clubatmosphäre und guter, internationaler Küche. Spezialarrangements für Golfer.

Da sind einmal die großen Terrassen, die einen wunderbaren Blick auf Aschach und die Donau offenbaren, und dann die Tatsache, daß sich dieses verwinkelte Anwesen mit seinen Nebengebäuden ganz wunderbar in eine Kerbe im felsigen Abbruch zur Donau schmiegt. Teufelswerk sei dabei mit im Spiel gewesen, heißt es in einer gruseligen Faust-Legende, die auf der Speisekarte nachzulesen ist.

Was noch auf der Karte steht, das orientiert sich im wesentlichen an der internationalen Standardküche, reicht vom Zander bis zur Flugente und schmeichelt vor allem jenen, die ein Herz für Steaks besitzen.

Und das hat wohl ein Gutteil des Publikums. Jener zeitlose Charme, mit dem die Räumlichkeiten ausgestattet sind, legt zeitlosen Geschmack und Distinguiertheit nahe.

Das beginnt im schon Eingangsbereich, der Hotelrezeption und Bar im Stil der 60er Jahre vereint. Fast erwartet man eine Barpianisten vom Format eines Feiglbinder, der hier die Stimmung untermalt. Familiäre Clubatmosphäre beherrscht dann auch den dominierenden Raum mit seinem großen Panoramafester zur Donau hin. Man glaubt, in einen James-Bond-Film mit Sean Connery eingestiegen zu sein oder in ein "Schöner Wohnen"-Heft aus den Sechzigern. Zur leicht übergewichtigen Katze, die hier mit Nonchalance ihre Runden zieht, fehlt nur noch der offene Kamin. Die Lautstärke der Unterhaltung ist hier gedämpft und schützt die Privatsphäre. Hie und da ein Lachen, wenn gerade eine Gruppe an der Bar den Aperitiv genießt. Man sitzt tief in den eleganten Stühlen. Das Relaxen gelingt hier sogar einem Nervenbinkerl innerhalb kürzester Zeit, und das Warten zwischen den Gängen verkürzt sich durch angeregte Plauderei oder durch den Blick auf die Donau so gut wie von selbst.

Das Personal ist jung und engagiert und (was den männlichen Part anbelangt) eine Mischung aus diskretem Barkeeper und charmantem Entertainer, der es versteht, den Gast zu seinem Vertrauten zu machen. Bemerkenswert ist auch die Weinpalette.

Zwar wird man die großen, internationalen Gewächse, die zum Steak zu erwarten wären, vermissen, doch kann man hier unter den österreichischen Qualitätsprodukten fast ebenso gute Speisenbegleiter finden, wobei sich bei der Auswahl der Maître als kundiger Führer anbietet.
Ebenso bei der Beratung, was den Nachtisch anbelangt. Sofern man den noch unterbringt. Die Portionen nämlich zeichnen sich keineswegs durch noble Zurückhaltung in punkto Quantität aus, was die Preise wiederum in einen anderen Rahmen setzt. Nämlich in einen erstaunlich günstigen.
Gemessen an der Lage nämlich sind auch die Arrangements für Golfer, die den nahen Golfplatz in Feldkirchen frequentieren, sehr moderat.
Der Yachthafen im Kachlet in Landshaag wird mitunter auch einen Binnen-Seebären in die Felswand vis-à-vis von Aschach verschlagen, und für Radfahrer, die den steilen Aufstieg hierher nicht scheuen, eröffnen sich ebenso erfreuliche Aspekte für Verpflegung und Unterbringung.

Info Preise: 95,– bis 200,– • Gastgarten: Terrassen mit bezauberndem Ausblick • Erreichbarkeit: Bundesbus oder Wurm und Köck bis Aschach oder Landshaag • Freizeitangebot: Arrangements für Golfer, Angeln in der Donau, Yachthafen, Badesee Feldkirchen, Schaunburg.

21

Gasthof Forsthof

SIERNING

4522 Sierning, Neustraße 29, Tel.: 07259/2319-0, Öffnungszeiten: warme Küche 11.00–14.00 Uhr, 17.00–22.00 Uhr, Sonntag ab 15.00 Uhr Ruhetag

Mächtiger, geschmackvoll adaptierter Vierkanter. Gediegene Küche von der Hand der Chefin. Seminarhotel mit reichem Freizeitangebot.

Mächtig steht der riesige Vierkanter mit seinen schmiedeeisernen Fensterkörben im Zentrum von Sierning. Behutsam renoviert, glänzt das Interieur durch viel Holz, Bauernmöbel und eine exquisite Sammlung interessanter Fotografien und Dokumente, die die Geschichte des Wirtshauses mit angeschlossenem Hotelbetrieb erzählen.

Ein besonderes Schmankerl ist der Gastgarten im Innenhof, der auch bei unbeständigem Wetter und Regen durch weit vorspringende Dächer und Markisen zum Sitzen im Freien einlädt. Ein Brunnen und ein kleiner Kräutergarten lassen hier im Sommer die Grenzen zwischen Innen und Außen verschwimmen.

Hier sitzt man wirklich gemütlich, und die Großzügigkeit der Anlage läßt trotz guten Besuchs zu jeder Tageszeit nie das Gefühl aufkommen, die persönliche Intimdistanz würde unterschritten. Das Personal ist dabei flink, diskret, freundlich und hilfsbereit bei geschmacklicher Entscheidungsschwäche.

Kulinarisch orientiert man sich hier, zeitgemäß adaptiert, an den Köstlichkeiten der Umgebung und stellt Bezüge zu Anton Bruckner und seiner Zeit her. Der Komponist, so wird berichtet, soll einmal in Liebe zu einer der Wirtstöchter entflammt gewesen sein. Ein Los, das ihm angesichts der ihm nachgesagten Empfänglichkeit für kulinarische Verführungen der deftigen Art auch heute blühen könnte. Ein Tafelspitzsulzerl, ein Hausgröstl, die zahlreichen Nudeln und Nockerln, die Lamm-Medaillons im Kräutermantel oder ein Forsthofpfandl würden den Schöpfer des „Te Deum" vermutlich auch heute noch zu Lobgesängen animieren.

Ein spezielles Kapitel sind die Wildwochen im Herbst. Hier treffen einander die traditionellen Schwammerlmonate mit den Segnungen des örtlichen Jägerglücks zu ausgezeichneter Harmonie. Schwammerlterrine, Reh, Hirsch und Hase, Fasane und Wildschweine und mit einigem Glück auch Rebhühner in allen Zubereitungen und herbstliche Beerenkreationen als Nachspeise bilden hier auf Karte und Teller ein höchst erfreuliches Angebot.

Das dazupassende Angebot an Weinen orientiert sich an den Produkten der hochklassigen Betriebe Österreichs.
Neben bester kulinarischer Versorgung bietet der Forsthof auch Unterkunft in hübschen Zimmern und vor allem ein reichhaltiges Freizeitangebot, das von Tennis und Squash in der Halle gleich nebenan bis zum Bade- und Saunavergnügen reicht.
Interessant im Zusammenhang mit den diversen Freizeiteinrichtungen ist die Tatsache, daß hier auch Firmenseminare in entsprechenden Räumlichkeiten Unterkunft und abendliche Zerstreuung finden.

EIERSCHWAMMERLTERRINE

Zutaten:
30 dag Hühnerbrustfleisch (oder Truthahnfleisch)
20 dag angerösteter Speck
45 dag frische Eierschwammerln
5 Blatt Schinken
10 dag Zwiebel
Pistazien , Salz, Pfeffer, Thymian, Salbei, Kerbel

Zubereitung:
Hühnerbrustfleisch zweimal fein faschieren und mit allen oben angeführten Gewürzen würzen. Eierschwammerln mit feingehackter Zwiebel kurz anschwitzen und erkalten lassen. Hühnerfarce mit erkalteten Schwammerln mischen und in eine Rehrückenform, die mit Schinkenblättern ausgelegt ist, einfüllen. Alufolie darübergeben und im Wasserbad im Backrohr ca. 30 Minuten bei 150 Grad pochieren.

Abbildung: siehe Bild im Farbteil

Info Preise: 90,– bis 195,– • kinderfreundlich • Gastgarten • Erreichbarkeit: Bundesbus ab Neuhofen an der Krems bis Sierning • Freizeitangebot: Tennisplätze, Squash, Kegelbahn, Freibad, Solarium, Minigolf.

22 Landgasthaus Keplinger-Wirt

St. Johann / Wimberg

4172 St. Johann/Wimberg, St. Johann 14, Tel.: 07217/7105, Öffnungszeiten: 10.00–24.00 Uhr, Montag Ruhetag

Traditionelles Landgasthaus mit Ambition zu gehobener Küche. Zahlreiche kulinarische Aktivitäten („Schmankerlroas").

Wenn er beginnt, das neuentwickelte Logo seines Wirtshauses zu erläutern, die verwendeten Farben und die Symbole, dann weiß man, daß Heinz Keplinger seinen Gästen gerne alles bieten möchte. Und das gelingt ihm auch. Alles, was diesen Landstrich so interessant und liebenswert macht, holt er für seine Gäste in die Küche. Und wenn sich etwas nicht holen läßt, dann führt er sie dorthin. Selten habe ich einen so rührigen Wirt gesehen, wie Heinz Keplinger einer ist. Und selten habe ich über die Vielfalt und die Qualität der Speisen so gestaunt wie hier.

Von außen nämlich unterscheidet sich das Wirtshaus in St. Johann am Wimberg auf den ersten Blick kaum von anderen Mühlviertler Gasthöfen. Die Fassade: typisch für die Gebäude, die in den 60er und 70er Jahren im Zentrum der Mühlviertler Orte entstanden sind. Beim Hintereingang gleich ein Verweis auf ein die Mühlviertler Gasthöfe prägendes Element, das auch den Stellenwert der Wirtshäuser als soziale Instanz vor Augen führt: „Zum Saal". Hier wird getauft, hier wird geheiratet, hier wird gefeiert, hier wird diskutiert und zu guter Letzt wird hier auch der Tod eines Angehörigen bei der „Zehrung" zelebriert. Genug zu tun also für einen Wirt in einer 1000-Seelen-Gemeinde.

Nicht genug für Heinz Keplinger, der sich partout in den Kopf gesetzt hat, das karge Land, in das er hineingeboren worden ist, seinen Gästen mit seinen schönen und seinen skurrilen, zum Teil auch musealen Seiten näher zu bringen. Und das funktioniert am besten über eine gediegene Selbstdarstellung. Alles, was das Land bietet, hat auch er anzubieten. Er versorgt sich, wo immer es auch nur geht, bei den örtlichen Produzenten mit den Rohprodukten. Freilich gilt es dazu so manchen Kilometer bis in den Nachbarbezirk zu fahren, und auch der Großhändler wird mitunter vor seinem Lieferanteneingang Station machen. Das Gros der Zutaten aber kommt aus dem Mühlviertel. Und darauf ist er stolz, der Wirt. Mit Recht.

Ein Beispiel: Wanderkino ist angesagt. Der Wirt mit seinem Saal als Treffpunkt für eine Kulturveranstaltung. Wenn anderswo Kul-

turvereine bei Wirten verhungern können, wenn sie eine Veranstaltung im Saal bestreiten wollen – beim Keplinger ist das anders. Auf eigene Rechnung bestellt er einen Körberlflechter, der vor der wartenden Menge seine „Schwingen“ und „Simperln“ fertigt. Die Arienbläser hat er auch eingeladen. Zum Vorprogramm. Und weil ein Film über einen alten Mühlviertler Knecht gezeigt wird, hat er Mühlviertler Speckknödel vorbereitet. Für 300 Leute. Köstlich!
Am nächsten Tag steht wieder die haubengekrönte Standardkarte aus der Küche der Wirtin Erika Keplinger zur Verfügung. Und das heißt beispielsweise: Hausgemachte Nudeln mit Eierschwammerln. Fein! Oder gefüllte Perlhuhnbrust mit Rieslingsauce. Noch feiner. Und dazu den passenden Wein. Die Nachspeisen sind ohnehin ein Gedicht.
Das alles serviert er in einer Schmankerlstube oder in der Wirtsstube. Die Gemeindeprobleme werden währenddessen am Stammtisch in der alten Gaststube gewälzt. Manchmal, wenn die Tür aufgeht, hört man das dumpfe Gemurmel und wundert sich über die Vielseitigkeit dieses Wirtes.
Ob man nicht Zeit hätte für eine kleine Landpartie? Da wäre gerade eine Gruppe Seminarteilnehmer und Urlauber, denen er die Umgebung zeigt, erzählt er. Eine Wanderung ab Mittag. Zuerst zu einigen Sehenswürdigkeiten der Umgebung, dazwischen würde immer wieder eingekehrt. Bei einem Bauern zur Speckjause, bei einem anderen gäbe es Schnäpse zu verkosten und dann wäre da noch einer mit Schaf- und Ziegenkäse und ...
Die Einwände akzeptiert er, nicht aber ohne auf seine nach baubiologischen Kriterien ganz in Holz gehaltenen Zimmer zu verweisen. Die Seminarteilnehmer fühlten sich sehr wohl. Das kann man annehmen. Und bei der Heimfahrt überlegt man sich, ob man nicht doch beim nächsten Besuch ein Zimmer buchen soll.

Abbildung: siehe Bild im Farbteil

Info Preise: 90,– bis 195,– • kinderfreundlich • Biergartl • Freizeitangebot: Kulturveranstaltungen, Schmankerlroas • Erreichbarkeit: Bundesbus St. Johann/Wimberg.

23

Gasthof Klinger

GASPOLTSHOFEN

4673 Gaspoltshofen, Jeding 1, Tel.: 07735/6913, Öffnungszeiten: 11.00–14.00 Uhr und ab 17.30 Uhr, Montag abend und Dienstag Ruhetag

Landgasthof mit gepflegter, traditioneller Küchenlinie und einem Hang zur regionalen Küche des Hausruckviertels.

Manche Literaturkritiker meinen, die dem Namen innewohnende provinzielle Komik habe Thomas Bernhard immer wieder veranlaßt, den Protagonisten seiner Stücke den Ortsnamen „Gaspoltshofen" im Zusammenhang mit dem Themenkreis Essen, Trinken und Bewirtung in den Mund zu legen. Wer aber weiß, daß der scheue Literat hier im Gasthof Klinger regelmäßig seine Fritattensuppe geschlürft hat, dem erschließen sich möglicherweise andere Zugänge.

Schönbrunnergelb steht es da, das Anwesen. Und schon von außen strahlt es Gemütlichkeit aus, die sich im Inneren fortsetzt. Und erst recht in der Küche.

Hier am Fuß des Hausrucks nämlich mischen sich seit Jahrhunderten die Küchentraditionen des Innviertels mit jenen des Eferdinger Landls und des Alpenvorlandes. Eine würdige Vertreterin der dabei entstandenen typischen Hausruckviertler Küche ist in der Person der Hausherrin, Hedwig Klinger, hier für das Wohl der Gäste verantwortlich. Ihr gelingt es, die bodenständige Küche mit den Ansprüchen moderner Küchenphilosophie zu einer hervorragenden Qualität zu vermählen.

Die schon erwähnte Fritattensuppe Thomas Bernhards repräsentiert auf der Karte den eher internationalen Bereich. Dieselbe Rindsuppe mit Leberbunkel bringt schon typische Ländlichkeit ins Spiel, und die Krone setzt Hedwig Klinger ihrer Küche mit dem weitum bekannten Hausruckviertler Schweinsschopfbraten auf, zu dem Stöckelkraut und die guten „stauberten" Knödeln serviert werden.

Aber nicht nur Deftiges kann sie aufwarten, sondern auch all jene Gerichte, die die Spezialitäten der Region charaktervoll veredeln. Vom Wild, vom Fisch, vom Lamm und vom Geflügel. Und davon darf natürlich die herbstliche Enten- und Ganslküche nicht ausgenommen sein.

An Süßem weiß man hier mit hausgemachten Bunkeln und Torten zu verführen, und wer sich eine Spezialität des Hauses zu Gemüte führen möchte, der sollte eine bodenständige Köstlichkeit wählen: die Erdäpfelsteckerln. Ein Genuß, der noch lange für kulinarische Tagträume sorgt.

Wer zu den angebotenen Schmankerln einen passenden Tropfen genießen möchte, der wendet sich an den Hausherren Wilhelm Klinger oder an einen seiner Söhne, die mit viel Sachverstand einen sehenswerten und kostenswerten Weinkeller angelegt haben.

Wenn´s paßt, dann ist im Hause Klinger auch Most vorrätig, und wer die Landessäure liebt, der sollte eine höchst kuriose Sammlung historischer Mostpressen und -mühlen besichtigen, die in unmittelbarer Nähe auf einem Nachbargrundstück zu bewundern ist. Architektonisch reizvoll sind auch einige ausgesprochen hübsche Hausfassaden mit Elementen aus der Jugendstilornamentik im Umkreis weniger Hundert Meter.

Info Preise: 80,– bis 150,– • kinderfreundlich • Gastgarten • Erreichbarkeit: Bundesbus bis Gaspoltshofen oder Lokalbahn „Haager Lies" bis Gaspoltshofen.

24 Gasthaus Moser

Neuhofen an der Krems

4501 Neuhofen an der Krems, Marktplatz 9, Tel.: 07271/4229,
Öffnungszeiten: 11.00–15.00 Uhr und 17.00–24.00 Uhr.
Sonn- und Feiertag ab 15.00 Uhr, Montag ganztägig und Dienstag bis 17.00 Uhr Ruhetag

Gutbürgerlicher Gasthof mitten in Neuhofen an der Krems mit traditioneller und kreativ verfeinerter Küche.

Eigentlich war´s ursprünglich ein ganz normales Wirtshaus am Marktplatz von Neuhofen an der Krems, der „Goldene Löwe". Ein gutbürgerlicher, traditioneller Treffpunkt des örtlichen Vereinslebens, Anlaufpunkt für alle Anlässe, die es kulinarisch zu zelebrieren galt, von der Taufe über die Hochzeit bis zur Totenzehrung. Und niemand hätte sich gewundert, wenn es bis in alle Ewigkeit so weitergegangen wäre.

Aber dann schlug das Schicksal in Form einer Hochzeit zu. Einer Hochzeit zwischen dem Löwenwirt und einer Buchhalterin, der jetzigen Anna Moser, die mittlerweile als Küchenchefin für die kulinarische Linie des Hauses verantwortlich zeichnet.

War es zuerst nur eine Verlegenheit, daß Anna Moser mitkochte, so wurde sie binnen kürzester Zeit vom kulinarischen Gestaltungsfieber dermaßen heftig infiziert, daß sie fast unermüdlich Kurse bei den internationalen Größen der Hohen Schule der Kochkunst besuchte und das dort erworbene Wissen mit Charme und Kreativität weiterentwickelte und den örtlichen Gegebenheiten anpaßte. Und damit kamen dann auch die Auszeichnungen ins Haus geschneit. Von der Wahl zum besten Wirtshaus Oberösterreichs bis hin zur Haube.

Auf hochnäsige Arrangements am Teller allerdings wird man hier vergeblich warten. Es sind vielmehr die Details in der Zubereitung – hier ein Löfferl mehr von einer edlen Zutat, dort eine Prise eines feinen Gewürzes zusätzlich –, die aus einfacher Hausmannskost hochkarätige Genüsse machen.

Ein auf den ersten Blick einfaches Blunzengröstl kann man hier genauso bestellen wie originelle Krauttascherln oder Feinheiten vom Lamm, vom Geflügel oder vom Fisch. Ganz zu schweigen von den hausgemachten Nockerln, Nudeln oder Strudeln, die als Beilage oder Hauptgerichte serviert werden.

Daß man hier auf den Lauf der Jahreszeiten und das, was sie für eine frische, zeitgemäße Küche mit sich bringen, besonders Rücksicht nimmt, braucht nicht extra erwähnt zu werden. Kräuter sind es im Frühjahr, die sich von der Bärlauchsuppe bis zum Lamm in der Kräuterkruste lecker auf der Karte niederschlagen. Enten, Wild und Obstkreationen wie die weitum beliebten Zwetschkenpofesen sind es im Herbst und Winter, und im Sommer sind Salate und leichte Geflügel- und Fischgerichte an vorderster Stelle zu finden.

Das Rundherum ist geschmackvoll rustikal. Ein Gewölbe, eine Bar, ein Stüberl und ein luftiges Salettl bieten Sitzgelegenheiten für jeden Geschmack und jede Stimmung. Die Bedienung ist freundlich und charmant, die Weinberatung kompetent.

Als Besonderheit im Hause Moser gibt es seit einiger Zeit auch eine Kombination aus feinem Kaffee und edlem Tabakrauch. Eine kleine Trafik nebenan, die vom Gastwirtsehepaar betrieben wird, bietet zu den Rauchwaren auch ein Schalerl Kaffee in der Manier der Altwiener Stehcafés an.

Das Kremstal hat in baulicher Hinsicht einige versteckte Kleinode anzubieten. Zum einen das reizende Wasserschlößchen Weyer in Kematen an der Krems, das in Privatbesitz steht, zum anderen Schloß Weißenberg mit seinem burgunderroten Turm, der gleich nach dem Anstieg von Ritzlhof Richtung Neuhofen sichtbar wird. Ganz zu schweigen natürlich von Kremsmünster, einer der bedeutendsten Klosteranlagen des Alpenvorlandes, mit seinen Fischbekken und dem aus bayrischer Zeit stammenden Tassilokelch. Die neue Tassilo-Therme in Bad Hall dagegen verspricht nicht nur Linderung bei Gelenksproblemen, sondern auch Badevergnügen für jung und alt.

Info Preise: 85,– bis 230,– • kinderfreundlich • Gastgarten • Erreichbarkeit: ÖBB oder Bundesbus bis Neuhofen an der Krems.

25 ZUM SCHNAPSBRENNER

MUNDERFING

5222 Munderfing, Achtal 2, Tel.: 07744/(6)333, Öffnungszeiten: 10.00–22.00 Uhr, Montag, Freitag Ruhetag

Landgasthaus am Fuß des Kobernaußerwaldes in ruhiger Lage. Gehobene, bodenständige Küche und jahrhundertelange Tradition in der Schnapsherstellung.

Wer sich in seinem Inneren auch nur einigermaßen auf eine Landpartie vorbereitet hat – und das muß man wohl, wenn man nach Munderfing fährt –, der findet hier sicherlich alles, was ein Menschenherz begehren kann. Landschaft reichlich, ebenso den Wald. Ein idyllischer Bach und ein reizvolles Anwesen. „Schau! Pferde!" entfährt es dem Besucher, wenn er der großen Weide entlang zum Haus fährt, und vor dem Tore plätschert dann der Brunnen. Ganz zweckmäßig genützt als stilvoller Kalter für die Forellen, die hier auf ihr unvermeidliches Ende in der Pfanne warten. Allerdings nicht so wie in den dichtgedrängten Todeszellen, deren Anblick dem Appetit oft nicht recht förderlich sein muß. Fast würdevoll gleiten sie da durchs Wasser.

Ja, und dann wäre da noch die Geistigkeit, die den Namen im ganzen Innviertel zum Begriff gemacht hat: Schnapsbrenner. Seit beinahe zwei Jahrhunderten als Familienbetrieb geführt, verbinden sich hier die festen und die flüssigen Genüsse in angenehmer Harmonie.

Die Stuben offenbaren sich als typisch ländlich, und ein Stüberl hat beinahe historische Qualitäten in seiner Ausstattung. Aber man ist ja nicht alleine zum Schauen hergekommen.

Die Forellentiere haben es ja schon verraten. Aus eigener Zucht stammend, landen sie hier geräuchert, gebeizt oder mit Mandeln auf dem Teller. Daneben sind einfache Gerichte, raffiniert zubereitet, die Grundlage dessen, was den Schnapsbrenner zur Adresse für Genießer gemacht hat. Vom Backhendl bis zu den Erdäpfelkrapferln, von der Gemüsecremesuppe bis zum Wildschwein. Denn von letzterem Getier gibt´s etliche im Kobernaußerwald, die ungeschickt genug sind, sich alljährlich den Grünröcken zu stellen.

Nicht zu vergessen sind die Süßspeisen. Und da offenbart sich auch dem abstinenten Gast, daß man sich hier in einem Haus befindet, das sich seit Generationen der feinstofflichen Veredelung des Obstes in Vollendung annimmt.

Womit wir bei der Hauptattraktion, beim Schnapsbrenner, wären. Kein kratzender,

rauher „Sauhäutener" glitzert hier im Riedel-Kelch. Hier werden ausschließlich feinste Rohprodukte veredelt, und das findet auch seinen Niederschlag in den Medaillen und Trophäen, die das Haus Andre Christon bei nationalen und internationalen Messen und Verkostungen mit seinen Schnäpsen gewonnen hat. Empfohlen zur Verkostung seien hier für Kenner vor allem die Beerenbrände und die älteren Jahrgänge der Zwetschkenschnäpse.
Daß man hier allerdings auch angenehme Weine und ein gut gezapftes Bier als Speisenbegleiter ordern kann, sei nicht verschwiegen.

Info Preise: 80,– bis 170,– • Gastgarten • Erreichbarkeit: ÖBB-Linie Steindorf/Straßwalchen–Braunau bis Munderfing, 1/2 Stunde Fußmarsch.

26 Gasthof Schrot

Alkoven

4072 Alkoven, Alte Hauptstraße 38, Tel.: 07274/331, Öffnungszeiten: ab 17.00 Uhr, an Wochenenden ab 10.00 Uhr, Montag, Dienstag Ruhetag. Reservierung empfohlen.

Elegant-rustikales Gasthaus der gehobenen Kategorie mit ausgezeichneter junger Küche und hervorragendem Weinangebot.

Etwas Besseres hätte sich der junge Graf Ledebur gar nicht wünschen können, als er vor wenigen Jahren in Alkoven mit dem Spargelanbau in Oberösterreich begonnen hat. Ein Restaurant von dieser Güte in unmittelbarer Nähe zu wissen, das klarerweise zur richtigen Zeit auch seinen Spargel auftischt und damit die beste Werbung für die jungen Triebe aus der Gemeinde im Eferdinger Becken macht.

Und nicht nur für den Spargelzüchter, auch für alle Genießer ist dieses ländliche Restaurant ein Gewinn.

Im Sommer sitzt man hier im Innenhof eines schmucken Vierkanters oder überdacht in einer Tenne und genießt die laue Luft, die von der nahen Donau den Duft der Weiden herüberträgt. Im Herbst und Winter hält man sich dagegen in der heimeligen, gediegen gestalteten Wirtsstube oder im gewölbten Stüberl auf, von Angesicht zu Angesicht mit Hirschtrophäen und Bildnissen der Altvorderen.

Die Küchenlinie ist grundsätzlich leicht und fein, man scheut aber auch nicht vor kräftigen, eher traditionellen Gerichten zurück, die allerdings fein und leicht zubereitet werden. So können der Erdäpfelkäse aus der Schrot´schen Küche und der aus einer der Jausenstationen der Umgebung nicht miteinander verglichen werden. Und das wollen sie auch nicht. Die Schrot´sche Küche ist eben eine andere Fakultät. Leicht italienisch beeinflußt, mit einem Hauch von Zeitgeist im Sommer, nobel und trotzdem bodenständig im Winter.

Der Spargel im Wonnemonat ist schon erwähnt worden, und weil Alkoven im oberösterreichischen Erdbeerland liegt, kann zu dieser Zeit an den süßen Früchten auch nicht vorbeigegangen werden.

Feine Nudelgerichte, Kräuterspätzle, zartes Fleisch vom Geflügel, Fisch und leichte Innereien, viel Salat und knackiges Gemüse bestimmen im Sommer die Speisekarte. Wild, Enten und Gänse, dazu Kraut und Rüben in feinster Zubereitung und Strudeln vom Wintergemüse gehören zu den Spezialitäten rund um den Jahresausklang.

Besondere Aufmerksamkeit schenkt man hier dem Wein. Produkte der besten österreichischen und italienischen Winzer können hier glasweise konsumiert werden. (Ein Glas Sangiovese von Fontodi kann einem hübschen Gericht mitunter die Krone aufsetzen.) Kein Wunder, daß dieses Haus schon längere Zeit nicht mehr nur unter die Geheimtips einzureihen ist.

Ein Spaziergang nach dem Essen konfrontiert den historisch Interessierten mit einem düsteren Kapitel der Geschichte unseres Jahrhunderts in Form des Schlosses Hartheim, in dem während der Nazizeit geistig zurückgebliebene Kinder ermordet wurden. Heute ist hier das Institut Hartheim untergebracht, das sich der pädagogischen Förderung und Betreuung Behinderter widmet. Regelmäßig werden hier auch deren künstlerische Äußerungen ausgestellt, die im Zuge spezieller Therapieprogramme entstehen. Geschützte Werkstätten produzieren übrigens auch Teppiche, deren Verkaufserlös dem Institut zugute kommt.

Info Preise: 80,– bis 250,– • kinderfreundlich • Gastgarten • Erreichbarkeit: LILO bis Alkoven/Schule • Freizeitangebot: Tennisplatz nebenan.

27 Waldschenke am Sternstein

Bad Leonfelden

4190 Bad Leonfelden, Amesberg 11, Tel.: 07213/6279, Öffnungszeiten: 10.00–24.00 Uhr, Freitag Ruhetag

Bergrestaurant mit wunderbarer Aussicht und großer Sonnenterrasse. Einfache Gerichte als Jausen und hochklassige Küche im Restaurant.

Bei meinem ersten Besuch habe ich geglaubt, mich schon beinahe nach Böhmen verfahren zu haben. Durch dichten Wald schlängelt sich der mittlerweile asphaltierte Güterweg fast endlos den Sternstein hinauf. Auf der Lichtung ganz oben offenbart sich dann der berühmte Blick übers Mühlviertel. Und da ist dann natürlich die große Terrasse, wie sie ein Wirtshaus in dieser Lage haben muß. Zum Bersten voll mit Publikum an schönen Herbsttagen oder an den ersten lauen Nachmittagen im zeitigen Frühjahr. Das Bier, der G´spritzte, der heiße Tee, der Glühwein machen hier die Runde nebst der Jausenkarte, die schon verdächtige Extravaganzen aufweist. Ganz so ohne scheint das Wirtshaus also doch nicht zu sein.

Und das bestätigt dann der Blick ins Innere, auf zeitlos elegante Ländlichkeit und vor allem auf die Abendkarte.

Ein kulinarischer Hochflieger tarnt sich hier also mit dem schlichten Federkleid eines „normalen" Bergwirtshauses.

Eine verfeinerte Küche hat hier ihre Wurzeln im Mühlviertler Boden geschlagen. Verarbeitet wird das, was die Region bietet. Doch das auf einem Niveau, das den Ansprüchen der gehobenen Küche zur höheren Ehre gereicht. Vom Milchlamm bis zur Beiriedschnitte und zum Wiener Rostbraten, der von Tieren stammt, die der Wirt selbst aussucht und zerlegt. Siegfried Thumfahrt ist hier auf dem Weg zu kulinarischer Vollkommenheit. Und das wissen auch seine Produzenten. Kleine, bäuerliche Betriebe sind es, die ihm die Rohstoffe liefern. Zum Großteil wirtschaften sie biologisch-dynamisch und als Nebenerwerbslandwirte und schätzen es, daß ihnen der Sternsteinwirt für bessere Qualität höhere Preise zahlt. Denn diese Qualität kann er an seine Gäste weitergeben.

So landen dann glacierte Kalbsleber oder hausgemachte Leberwürste beim Gast. Schwammerlsuppen mit einer Einlage aus dem Sternwald oder Rehbraten aus dem Brunnwald, wo ein Onkel des Wirten Förster ist und für beste Qualität beim Wild sorgt. Es ist eine wohltuend kleine Karte, die hier laufend den saisonalen Gegebenheiten angepaßt wird. Und die stellen eben Osterlamm und Kitz im Frühling, Spargel, Fisch und zarte Gemüse im Sommer und dunkles Fleisch von Wild und Rind in den kalten Monaten in den Mittelpunkt.

Dazu dann die ganze österreichische Mehlspeisherrlichkeit von feinen Strudeln bis hin zu Powidltascherln und Kaiserschmarren. Und Schleckermäuler delektieren sich an hausgemachten Parfaits.

Die Weine, die dazu gereicht werden, können sich in jedem Haubenlokal sehen lassen. Beim Rotwein setzt man auf den Horitschoner Paradewinzer Franz Weninger und dessen hervorragende Produkte. Erfreulich auch hier das Cuvée Phönix, das Weninger gemeinsam mit Attila Gere in Südungarn produziert, auf der Karte zu finden.

Bei den Weißweinen hat man sich der Wachau zugewendet und findet schöne Rieslinge von den Terrassen der ehemaligen Herrschaft Thal Wachau oder den gemischten Satz vom Ried Singerriedl. Weine, von denen sich auch ein Liebhaber durch ein Menü begleiten läßt.

Die Gegend rund um den Sternstein bietet nicht nur im Winter Schivergnügen. Im Sommer kann hier ein Waldlehrpfad erwandert werden, und der Sternwald sowie der Brunnwald zeichnen sich durch ein weitverzweigtes Wanderwegenetz auch. Über den nahen Grenzübergang Weigetschlag erreicht man die Renaissancestadt Krumau oder den Moldaustausee bequem in einer halben Stunde mit dem Auto.

Info Preise: 65,– bis 230,– • kinderfreundlich • Gastgarten • Erreichbarkeit: Bundesbus bis Bad Leonfelden. Fußmarsch ca. 1 Stunde.

28 WIRT IM HOCHHAUS

MICHELDORF / OTTSDORF

4563 Micheldorf, Ottsdorf 28, Tel.: 07582/2613, Öffnungszeiten: 11.00–14.00 Uhr und 17.30–24.00 Uhr, Montag Ruhetag

Ländliches Gasthaus in Aussichtslage am Fuß des Ziehbergs. Innovative Küche.

Gegenüber, auf der anderen Seite des Tales, thront Burg Altpernstein, und wendet man den Blick nach links, dann erkennt man noch Stift Schlierbach. Im Süden liegt die Kremsmauer. Und hier ist man in Ottsdorf und bestens aufgehoben.

Vor Jahren hat es den Steirer Ferdinand Freißmut hierher verschlagen, der seither als der „Wirt im Hochhaus" aktiv ist.

Hochhaus. Dieser Name erinnert doch an alles andere als an landschaftliche Idylle. Nur sollte man den Ausdruck nicht nach seinem derzeitigen, im Sinn gewandelten Inhalt bewerten. In einer Gegend, die bis vor wenigen Jahrhunderten mit niedrigen Holzhäusern bebaut war, hat der Name dieses Hofs aus Stein, mit einem Obergeschoß also ein einstöckiges Haus, eine andere Bedeutung gehabt.

Der Hof ist in seiner Substanz im großen und ganzen geblieben, wie er war. Nur mit Ferdinand Freißmut ist ein Wirt eingezogen, der einerseits das Bodenständige der Region, andererseits Erinnerungen aus seiner steirischen Heimat und zum dritten die zeitgemäße Küche kultiviert.

So finden sich hier im Frühling Salate aller Art in feinen und feinsten Zubereitungen, zur Spargelzeit die zarten Triebe aus den (ober)österreichischen Tieflandregionen und im Sommer feines weißes Fleisch von Kaninchen, Fisch oder Geflügel auf der Karte. Daß das Wild im Herbst hier in seiner zahmsten und geschmackvollsten Art anzutreffen ist, ist selbstverständlich. An Nachspeisen sollte man sich im „Hochhaus" nach den letzten Strudelkreationen erkundigen. Ein Rhabarberstrudel ist hier in bester Erinnerung geblieben. Mit seiner feinen Säure mag dieser wohl ein etwas schwieriger Fall für eine exquisite Weinbegleitung darstellen, mit der Auswahl an fruchtigen, feinen und gediegenen steirischen Weinen beim Wirt im Hochhaus dürfte allerdings jeder auch noch so kritische Weinkenner zufriedenzustellen sein.

Info Preise: 85,– bis 195,– • kinderfreundlich • Gastgarten • Erreichbarkeit: ÖBB bis Micheldorf, 1 Stunde Fußmarsch.

29

Lambi Mambi

Gmunden

4810 Gmunden, Linzerstraße 37, Tel.: 07612/67488, Öffnungszeiten: Dienstag bis Sonntag 17.00–22.00 Uhr, Sonntag 11.00–13.30 Uhr, Sonntag abend, Montag Ruhetag

Kleines, sehr familiäres Restaurant in ruhiger Villenlage mit kreativ-traditioneller Küchenlinie auf hohem Niveau.

Small is beautiful. Die äußeren Abmessungen des Hauses nämlich scheinen strikt dagegen zu sprechen, es hier tatsächlich mit einem Gastbetrieb zu tun zu haben, aber spätestens nach dem Eintreten – gebeugten Hauptes – durch die kleine Türe ist man im Bilde. Hier hängt schon die erste Tafel, auf der mit Kreide vermerkt ist, was heute am Programm steht: „Lambi Mambi", ein finnischer Ausdruck für Gemütlichkeit.

Keineswegs unüberschaubar umfangreich ist hier die Karte. Dafür umso ausgesuchter. Gerade zwei Handvoll Tische wollen hier von Marianne und Peter Gramer kulinarisch-liebevoll umsorgt werden. Fisch und Lamm, Edelgeflügel und Kaninchen, daneben Gustostückerln von Kalb, Schwein und Rind stehen hier auf der immer wieder wechselnden Karte, und großer Wert wird auf frische, gustiöse Salate gelegt. Erwähnenswert ist auch die Auswahl an interessanten Weinen und vor allem an exzellenten Schnäpsen aus den Destillerien der besten österreichischen Schnapsbrenner. Zur gediegenen Abrundung eines Besuchs tragen hier auch noch die ausgezeichneten Süßspeisen der Hausherrin bei. Und weil natürlich viele diese Gemütlichkeit genießen möchten, empfiehlt sich vorherige telefonische Anmeldung.

Info Preise: 80,– bis 190,– • Erreichbarkeit: ÖBB Gmunden.

30 Gasthaus Pühringer

Schneegattern

5212 Schneegattern 1, Tel.: 06218/3214, Öffnungszeiten: 10.00–24.00 Uhr, Dienstag ab 14.00 Uhr, Mittwoch Ruhetag. Warme Küche: 11.30–14.00 Uhr und 18.00–21.30 Uhr

***Das* kulinarische Ortszentrum von Schneegattern, in dem Eßkultur, Trinkkultur und Tischkultur zu einem Höhenflug zwischen den Gipfeln bodenständiger und exklusiver Kochkunst abheben.**

Er ist eine der urtümlichsten Landschaften, die Oberösterreich noch zu bieten hat. Der Kobernaußerwald. Das größte zusammenhängende Waldgebiet des Landes. Hier leben und gedeihen noch Wildschweine und Hirsche in Hülle und Fülle. Und es gibt Wirte, die sich sehr gut darauf verstehen, die Produkte des Waldes in die innviertlerische Küche zu integrieren.

Einer von ihnen, der es dabei zu wahrer Meisterschaft gebracht hat, ist Josef Pühringer. Von Innviertler Gerichten, die er zart verfeinert, ohne dabei aber ihren Charakter zu verändern, bis hin zu raffinierter Fischküche und noblen Spargelzubereitungen reicht sein Repertoire. Das Innviertel und der Kobernaußerwald schmecken oder spielen dabei allerdings immer in irgendeiner Weise mit. Beispielsweise im Herbst, wenn sich Wild und Wildgeflügel auf der Karte drängen. So manches Wildschwein hat sich hier in der Küche schon zur höheren Ehre des Wirtes in seine verwertbaren Einzelteile aufgelöst.

Exempel statuieren hier auch die Knödel. Ob als Lamm-, Topfen- oder Mohnknöderl, als Selch-, Brat-, Schokolade oder Marillenknöderl tauchen sie immer wieder leitmotivisch in seinen Kreationen auf. Josef Pühringer deshalb aber als Knödelkoch abstempeln zu wollen, das ginge in jedem Fall am Ziel vorbei. Das Beispiel sollte nur belegen, wie gut der Haubenkoch die Innviertler Küchensprache beherrscht und sie so zur Grundlage für seine weitum gefragten Speisenkreationen machen kann. Allerdings wäre der Gasthof Pühringer nur halb so viel ohne seine Wirtin, die sympathisch und herzlich das Service betreut. Und sie erweist sich auch in Sachen Wein als Expertin, der man sich ohne Zögern anvertrauen sollte.

Info Preise: 90,– bis 230,– • kinderfreundlich • Gastgarten • Erreichbarkeit: Bundesbus Schneegattern • Tip: Riedel-Glaserzeugung, Fabriksverkauf zu reduzierten Preisen. • Freizeitangebot: Wanderungen im Kobernaußerwald, Kobernaußerwaldwarte.

31 Grabners Gasthaus u. Restaurant

GMUNDEN

4810 Gmunden, Scharnsteiner Straße 13, Tel.: 07612/4169 oder 4109, Öffnungszeiten: Montag und Dienstag Ruhetag (Restaurant Dienstag abends geöffnet)

Qualitativ hochstehendes Lokal eines Starkochs, der hier sowohl ein gut bürgerliches Gasthaus als auch ein luxuriöses Restaurant betreibt.

Zu behaupten, das heutige Grabner'sche Gasthaus und Restaurant wäre von seiner Lage her schön, wäre eindeutig übertrieben. Das ehemalige gutbürgerliche Wirtshaus Tastlberg aber besitzt vor allem innere Werte. Hier werkt nämlich in der Person Rudolf Grabners, der das Lokal von seinen Eltern übernommen hat, seit kurzem jemand, der sich seine Lorbeeren schon an höchster Stelle erkocht hat. Nämlich in Schloß Fuschl. Daß hier allerdings nicht nur dem absoluten Luxus gefrönt werden darf, dafür sorgt der Maître durch die Konzeption des Lokals. Ein gutbürgerliches Wirtshaus, wie er es nennt, sanft rustikalisiert, bietet zur Linken des Eingangs feine bürgerliche Küche auf ausgezeichnetem Niveau zu sehr angemessenen Preisen. Hier speist man aus der Rindfleischküche oder frische Innereien, Wild, Geflügel oder Vegetarisches.

Zur Luxusabteilung dagegen wendet man sich nach dem Eingang rechts und ist dort in zeitlos elegantem Ambiente mit geschmacklichen Gedichten von Trüffelnudeln bis zu Hummer bestens versorgt. Daß sich hier auch die Weinkultur von ihrer besten Seite zeigt, ist nicht nur erfreulich, sondern naheliegend im wahrsten Sinn des Wortes, liegt doch die Vinothek Wagner (siehe Vinotheken) nur drei Häuser weiter.

Und noch eine Besonderheit wird der Genießer hier nach einem luxuriösen Mahl schätzen. Nämlich die Tatsache, daß ein naturhistorisches Kleinod, der Krottensee, gleich hinterm Haus zu einem Spaziergang geradezu herausfordert. Das 18.000 Jahre alte Toteisloch ist eines der letzten (naturgeschützten) Zeugnisse der letzten Eiszeit und provoziert Biologen wie Geologen immer wieder zu Begeisterungsstürmen. So wie Grabner's Restaurant das bei Genießern tut.

Info Preise: 60,– bis 140,– (Gasthaus), 135,– bis 260,– (Restaurant) • Erreichbarkeit: ÖBB Gmunden.

32 GASTHAUS BAUBÖCK

GURTEN

4942 Gurten 16, Tel.: 07757/6202, Öffnungszeiten: 10.00–24.00 Uhr, Montag Ruhetag

Imposanter, gediegen-rustikaler Gasthof im Zentrum von Gurten. Gehobene bodenständige Küche von Haubenformat.

Er ist zwar noch jung, vor allem im Vergleich zu seinem uralten, mächtigen, typisch innviertlerischen Wirtshaus, das in Gurten den Platz neben der Kirche beherrscht. Trotzdem ist Gerhard Bauböck einer der Pioniere der verfeinerten, bodenständigen Küche in Oberösterreich und als solcher über die Grenzen des Landes hinaus bekannt. Nicht nur, weil seine Gäste auch aus dem angrenzenden Bayern kommen. Ihn verbinden zum Beispiel auch freundschaftliche Bande mit Deutschlands wohl rührigstem und publikumswirksamstem Koch, Alfons Schuhbeck, der in Waging am See einen Gourmettempel unterhält und gelegentlich kreative Abstecher zu Bauböck ins Innviertel unternimmt.

Ihre Wurzeln hat die Küche beim Bauböck ganz eindeutig in der traditionellen Innviertler Kost, Zubereitung und Präsentation auf dem Teller allerdings entsprechen den Maßstäben der großen Küche. So versteht man es zum Beispiel, aus den an sich nicht besonders noblen Blunzen ein äußerst feines Blunzenparfait zu zaubern. Nur eines der Beispiele, anhand derer man ersieht, daß sich Gerhard Bauböck vorwiegend der Angebote aus der unmittelbaren Region bedient.

Das Innviertler Weidelamm im Frühjahr, das in zahlreichen Variationen – so auch in der Kräuterkruste – für Begeisterung sorgen kann, oder die einfachen Innviertler Knöderln auf Blattsalaten und die Verwendung von Wiesensalaten wie Löwenzahn, Sauerampfer und Wegerich markieren die eine, die bodenständige Linie.

Daß Gerhard Bauböck aber auch die feine Wiener Küche beherrscht und ihr im Wirtshaus in Gurten einen prominenten Platz einräumt, das läßt sich an den Zubereitungen aller Arten von Rindfleisch ablesen. Je nachdem, welches gute Stück er gerade ergattern kann, in seiner Küche gerät es zu klassischer Eleganz. Das reicht vom Mastochsenfilet bis zum Rostbraten und vom Beinfleisch bis zu ausgefalleneren Stücken wie der Fledermaus, dem Hieferschwanzl, dem Kavalierspitz und natürlich als Krönung dem Tafelspitz.

Wenn hier auch vor allem die regionalen Spezialitäten und die klassischen Gerichte österreichischer Küchenkunst den Ton angeben, Gerhard Bauböck läßt sich von seinem Ruf, der traditionellen österreichischen Küche verbunden zu sein, nicht festnageln. „Warum soll ich, wenn ich einmal ein besonders schönes Stück Lachs bekomme oder wenn ich selber einmal Nudeln in allen Variationen haben möchte, nicht auch italienisch oder französisch – international halt – kochen?" fragt er sich in solchen Momenten und erinnert sich an seine Lehr- und Wanderjahre durch große Küchen Europas, die schließlich seinen Stil geprägt und ihm das nötige kulinarische Rückgrat gegeben haben, die einfachen, rustikalen Voraussetzungen hier am flachen Lande zu nützen und zu internationaler Reife und Anerkennung zu führen. Auf Vorbestellung und für Freunde kann er daher auch einmal von der innviertlerischen Küchenlinie abweichen und Meeresfische, Krustentiere, Nudeln oder Steaks kredenzen.

International – und zwar durchgehend – zeigt sich die Weinkarte. Von den besten österreichischen Gewächsen quer durch das Sortiment der besten Italiener und Franzosen zieht sich das Angebot. Was aber nicht heißen soll, daß man sich hier nicht auch bei passender Gelegenheit ein gutes Glas Most genehmigen kann. Von einem kühlen Bier ganz zu schweigen.

Das Umfeld dieser Genüsse wird entweder von der geschmackvollen Bauernstube gebildet oder von einem großen Gastraum, der ganz im Stil der Region geschmackvoll gestaltet ist. Oder man sitzt in einem der Stüberln, zum Beispiel am Kamin nebenan. Im Sommer natürlich auch auf der Terrasse.

Abbildung: siehe Bild im Farbteil

Info Preise: 95,– bis 275,– • kinderfreundlich • Gastgarten • Erreichbarkeit: ÖBB-Linie Wels–Simbach/Inn bis Gurten.

Dorfgasthof Mayr: Die romantische Seite gepflegter Dorf- und Wirtshauskultur

35

Der Neue Vogelkäfig: Verspielt-luftiges Ambiente als Startrampe für kulinarische Höhenflüge

Ofenloch: Historische Gewölbe als Treffpunkt für Liebhaber origineller Genüsse und angeregter Unterhaltung

43

33 Restaurant Castelvecchio

Grieskirchen

4710 Grieskirchen, Bahnhofstraße 7, Tel.: 07248/4380, Öffnungszeiten: 17.00–24.00 Uhr, Sonntag und Feiertag auch 11.30–14.00 Uhr, Dienstag Ruhetag

Ambitioniertes Haubenrestaurant mit italienischen Spezialitäten und ausgezeichneter Weinkarte. Im Sommer empfiehlt sich der alte Gastgarten.

Ganz früher war hier, schräg gegenüber dem Grieskirchner Bahnhof, ein uriges Wirtshaus, das „Kies-Humer", zu finden. Das ist mittlerweile 20 Jahre her. In der Zwischenzeit hat sich darin ein Mehrzweck-Gastronomiekonzern mit mehreren Lokalitäten eingemietet. Von dem ist aber inzwischen auch nur noch ein lautstarkes Lokal für mopedfahrende Cola-Rotwein-Trinker übriggeblieben. Im Hinterhaus dagegen, ein wenig versteckt, blühen italienische Lebensart und italienische Küche vom Feinsten. Und das begann 1993, als sich ein Kellner und Sommelier und ein Koch des legendären Welser „Wirt am Berg" in die Selbständigkeit stürzten.

Nicht billige Pizze und Pasta als Massenausstoß waren konzipiert für das Lokal, sondern eine in diesen Breiten sensibel anzulegende Mischung aus regionalen und italienischen Gerichten.

Äußerlich wurde das vom Vorbesitzer übernommene Lokal nur geringfügig adaptiert, und daher finden sich in den holzgetäfelten Stuben auch noch etwas überladen wirkende Malereien an den Wänden. Angesichts der exquisiten Speisen und Getränke, die Küchenchef Roman Rauch dem Gast in diesem Haus kredenzt, ist das allerdings leicht zu verschmerzen. Das beginnt bei fein zusammengestellten italienischen Vorspeisenplatten mit in Öl gebratenen Gemüsen, Fischen, Meerestieren, trockenen Würsten und Rohschinkenvariationen oder bei Risotti, die lebhafte Reminiszenzen an schöne Italien-Urlaube auslösen, und das endet nach vorzüglichen Fleisch- und Fischgerichten oder dezent abgeschmeckten Pasta-Kreationen bei üppig gestalteten Nachspeisen. Eine ambitionierte Weinkarte bietet für kleine Runden oder Genießer zu jedem Gang den richtigen Wein, der glasweise ausgeschenkt wird. Und auch dabei sind Überraschungen an der Tagesordnung. Kurt Sevcik, zuständig für Service und Keller, trachtet nämlich immer danach, Neuigkeiten aus den Kellern unserer südlichen Nachbarn in die Trattnachtalmetropole zu bringen. Die ausgezeichneten Zweitweine der internationalen Größen stellt er zu Vorzugspreisen glasweise auf den Tisch. Die großen Brüder dazu liegen

ebenfalls im Regal, wechseln allerdings aus verständlichen Gründen nur als ganze Flasche den Besitzer.

Das Service ist aufmerksam und kompetent, allerdings müssen mitunter Wartezeiten in Kauf genommen werden. Zu besonderen Anlässen, etwa zum Faschingsausklang, werden üppige Fischbuffets angerichtet. Die gesamte Kartengestaltung richtet sich im wesentlichen nach den Jahreszeiten. Frische Salate mit ausgezeichneten Balsamico-Vinaigrettes sind Standard.

Kein Wunder also, wenn diesem jungen Team nach nur eineinhalb Jahren seiner kulinarischen Tätigkeit die Ehre einer Haube in einem renommierten Gourmetführer zuteil wurde.

Info Preise: 80,– bis 240,– • Gastgarten • Erreichbarkeit: ÖBB, Bundesbus bis Grieskirchen.

21

Forsthof: Ein Kleinod der Innenhofgestaltung ist Rahmen für oberösterreichische Küchentradition inmitten duftender Kräuterbeete

Landgasthof Dieplinger: Die Donau nicht nur als gestaltendes Element der Landschaft, sondern auch der Küche

39

Grünberg am See: Die kulinarische Ergänzung zu Erholung und Erlebnis für die ganze Familie bei Fisch-, Käse- und Weinkultur am Traunsee

Zur Sonne: Die ideale Zuflucht vor dem Streß in beruhigender Nähe von Zapfhahn und Küche

34 VILLA LANGER

WEISSENBACH AM ATTERSEE

4854 Weißenbach am Attersee, Gmauret 5, Tel.: 07663/242, Öffnungszeiten: nach Rückfrage

Wunderschöne Villa mit ganzjährigem Pensionsbetrieb. Speisen nach Vereinbarung von Hausmannskost bis Galadiner. Familienfeste.

Es gibt Häuser, bei denen einen, wenn man an deren Einzäunungen vorbeispaziert, recht quälend das Bewußtsein überfällt, daß man selber wohl nie legitim ein solches Haus betreten oder gar bewohnen würde können. Ein solches Haus ist die Villa Langer. Ein klassizistisches Gebäude an der Uferstraße am Ostufer des Attersees zwischen Steinbach und Weißenbach. Teilweise verborgen hinter den in dieser Gegend und für diese Häuser typischen, hohen Hecken. Und das macht es noch spannender. Umso größer ist die Überraschung, in diesem noblen Anwesen eine Pension vorzufinden, in der man zu Preisen, die nicht wesentlich über dem örtlichen Durchschnitt liegen, höchst komfortabel nächtigen kann. Große Zimmer, Appartements, gediegene Einrichtung erwarten die Gäste.

Zwar wird nicht regelmäßig gekocht – Vollpension im üblichen Sinn wird nicht angeboten –, in diesem Fall empfiehlt der Hausherr gute Lokale der näheren Umgebung; zwei, dreimal pro Woche aber wird der Kochlöffel geschwungen. Von der Hausmannskost mit Wiener Einschlag bis hin zu fantastischen Menüs reicht dabei die Palette. Degustationsmenüs und Galadiners mit inbegriffen.

Freunde und Liebhaber des Hauses treffen eine Entscheidung, in der Villa Langer zu speisen, indem sie einfach anrufen, fragen, wann das nächste Mal gekocht würde, sich den Menüplan durchsagen lassen und für einen bestimmten Tag oder Abend ihr Kommen ankündigen.

Bewirtet wird man dann entweder in einem der verschiedenen Salons, in denen sich auch geschlossene Gesellschaften bis zu einer Größe von etwa 20 Personen unter sich fühlen können, auf der Terrasse oder im Pavillon, einem in weißem Holz gehaltenen, geschmackvollen Zubau, von dem aus man einen wunderschönen Ausblick auf die Sonnenuntergänge am gegenüberliegenden Atterseeufer genießen kann.

Sonnenhungrige nehmen darüber hinaus auch noch die Bequemlichkeit des eigenen, gepflegten Badestrandes mit einem im Stil der frühen Moderne gestalteten Badehaus in Anspruch, auf dessen Terrasse sich wun-

derbare Nachmittage verbringen lassen. Architekturliebhaber und Kulturbeflissene schätzen Ausflüge rund um den Attersee zu jeder Jahreszeit und befriedigen ihre Schaulust durch Blicke auf die mitunter wunderschönen Bauten der Jahrhundertwende. Und gerade für Architekturliebhaber bieten einige Klassiker der Moderne und ganz neue, auch öffentliche Gebäude einen Anreiz zur Auseinandersetzung mit dem Metier. Wer´s lieber traditionell hat, der ist in knapp 20 Minuten durch das Weißenbachtal in Bad Ischl mit seinen kaiserlichen Eindrücken. Naturliebhaber unternehmen Ausflüge zu den kleinen alpinen Seen (z. B. Offensee, Eglsee, Langbathseen und Taferlklaussee) mit ihrer speziellen Fauna und Flora.

Info Preise: Je nach Anlaß • Gastgarten • Freizeit: Eigener Badestrand am Attersee, reiches Kulturangebot im Attergau.

Gelbes Krokodil: Hochkarätiges Design von Linzer Künstlern als Rahmen für kultivierte Unterhaltung und multikulturell angehauchte Küche

Schwedenstuben: Die kulinarische Überraschung am Anstieg zum Haselgraben – junge Küchenambition an ehemals gutbürgerlicher Adresse

Landhaus: Kein familiäres Barbecue, sondern höchst innovative Fischküche im diskret abgeschiedenen Terrassengarten

35 Der Neue Vogelkäfig

Linz

4020 Linz, Holzstraße 8, Tel.: 0732/770193, Öffnungszeiten: 11.30–13.30 Uhr und ab 18.30 Uhr, Samstag, Sonntag Ruhetag

Ausgezeichnetes, hübsches Restaurant an der künftigen Kulturmeile von Linz. Leichte, kreative Küche mit viel Charme.

Die Lage zählt sicherlich nicht zu den ersten in Linz, aber wenn heute jemand die Holzstraße kennt, dann entweder, weil er dort den Linzer Schlachthof sucht oder weil er als Gourmet diese Adresse unter die besten in ganz Oberösterreich reiht. Und Georg Essig jun. hat nicht schlecht daran getan, sich hier anzusiedeln, immerhin konsolidiert sich die künftige Linzer Kulturmeile zwischen Brucknerhaus und Posthof zusehends.

Das Haus, in dem der „Neue Vogelkäfig" residiert, hebt sich wohltuend von der gegenüberliegenden Industriefassade ab. Um die Ecke zwar ist eines der Paradebauwerke der Industriearchitektur des beginnenden Jahrhunderts, die Linzer Tabakregie, zu finden, und die alten Hallen des Linzer Schlachthofs entbehren auch nicht eines gewissen (wenn auch blutigen) Charmes. Nur die unmittelbare Umgebung ist (noch) recht sachlich. Umso mehr heben sich Küche und Ambiente des Lokals ab. (Hier überhaupt einen Gastgarten zu finden, noch dazu einen mit Kastanienbäumen, wundert schon so manchen.)

Das Innere ist hell und zeigt sich florentinisch überhaucht mit hübscher, leicht verspielter Dekoration.

Und auf der Karte reiht sich dann ein kulinarischer Traum an den anderen.

Da ist einmal die Tatsache, daß hier nur mit wirklich frisch verfügbaren Zutaten gekocht wird. Saisonale Küche also in Reinkultur.

Das beginnt bei leichten, duftigen Kräutercrèmesuppen vom Kerbel oder vom Bärlauch im Frühjahr, und das endet bei feinen, zarten Crèmes vom Wildgeflügel im Herbst.

Die Salate, frisch und bunt, würden schon vom Aussehen her einem jeden Floristen zu höherer Ehre gereichen, und was sich in den feinen Terrinen verbirgt, die Georg Essig jun. hier serviert, läßt das Herz eines Genießers höher schlagen. Vom Schafkäse bis zum Mus aus geräucherten Fischen reicht hier die Palette.

Beim Fleisch scheint ihm vor allem das Kaninchen ans Herz gewachsen zu sein, und so finden sich häufig Gerichte mit dem zarten, hellen Fleisch der Hoppeltiere auf

der Karte. Ob als Crepinette (ein zarter Netzbraten), in Variationen, je nach Jahreszeit mit Kräuter- oder Steinpilzsauce oder mitunter in Blätterteig verpackt.
Die Süßspeisen im „Neuen Vogelkäfig" sind ein Kapitel für sich. Vom Schokolademus bis zu den Tascherln mit Birnenragout. Als besonders verführerisch erweist sich hier ein Schokoladestrudel, der trotz heftigster Bedenken angesichts seines Kalorienreichtums einfach nicht zu umgehen ist.
Und auch beim Wein sieht man sich hier mit der Qual der Wahl konfrontiert. Vornehmlich österreichische Produkte werden hier ausgeschenkt, doch verfügt man hier auch über eine satte Auswahl an ausgezeichneten Weinen der wichtigsten Weinbaunationen.

CREPINETTE VOM KANINCHEN

Zutaten:
½ Kaninchen (= 1 Lauf, 1 Schlögel, ½ Rücken, Innereien), 1 S-Netz, Salz, Pfeffer, Muskat, Schlagobers, 1 Maschine zum Cuttern, 1 scharfes Messer und 45 Minuten für die Zubereitung

Zubereitung:
Schlögel auslösen, in zwei gleich große Teile schneiden und vorsichtig klopfen. Lauf ebenfalls auslösen, von den Sehnen befreien und mit dem ausgelösten Rücken und den Innereien eine Farce bereiten.

Farce: Kleinwürfelig geschnittenes Fleisch (Lauf, Innereien, Rücken) mit Salz, Pfeffer, Muskat im Moulinex cuttern, bis eine Bindung entsteht. Danach flüssiges Obers zufügen und weitercuttern, bis eine glänzende Farce entsteht (Zugabe von frischen Kräutern je nach Geschmack).

Jetzt legen wir das gut gewässerte Netz auf, plazieren die beiden geklopften Teile vom Schlögel drauf und streichen die Farce so darauf, daß wir sie rundherum einschlagen können. Nun wickeln Sie das Netz ebenfalls herum und braten das Crepinette bei kleiner Flamme von allen Seiten gut an (soll eine braune Farbe haben) und schieben es für 10 Minuten bei 180° ins Rohr. Danach 3 Minuten rasten lassen, aufschneiden und mit Spargelrisotto servieren.

Abbildung: siehe Bild im Farbteil

Info Preise: 85,– bis 295,– • Gastgarten • Erreichbarkeit: ESG-Linie 27 (Haltestelle Schlachthof).

Erdäpfelpension Ranklleiten: Mekka für all jene, die überflüssige Kilos mit Genuß loswerden möchten

32

Gasthaus Bauböck: Der mächtige Bau prägt das Ortsbild – der Wirt prägt kulinarisch das Innviertel

Keplinger Wirt: Das bodenständige Mühlviertler Wirtshaus als markantes Orts- und Kommunikationszentrum

22

36 Restaurant Tanglberg

Vorchdorf

4655 Vorchdorf, Pettenbacher Straße 3, Tel.: 07614/8397, Öffnungszeiten: 17.00–24.00 Uhr, Montag, Dienstag Ruhetag. Reservierung empfohlen.

Exklusives, kleines Restaurant in stimmungsvollem Rahmen mit hochkarätiger, kreativer Küche. Angeschlossene Galerie.

Metallskulpturen und eine Vitrine. Eine Reihe von zeitgenössischen Grafiken an der Wand. Rechts eine steile Treppe, die nach oben führt. Und oben ist der Himmel. Gleich in mehrfacher Hinsicht.

Wir sind im Restaurant und in der Galerie Tanglberg. In einem behutsam restaurierten, historischen Haus, in dem der Putz noch uneben sein darf und in dem die Mauerkanten nicht mit der Fräse gezogen wurden, sondern im Lauf von Jahrhunderten zu harmonischer Rundung gewachsen sind. In einem Haus, in dem in einer Galerie zeitgenössische Kunst ihren Platz gefunden hat und in der Küche ihre kulinarische Entsprechung. Kunst bar jeder Künstlichkeit des Rahmens, in dem sie sich von ihrer besten Seite zeigen kann. Und Kochkunst in Vollendung.

Der Galerist Erich Spitzbart, der Besitzer des Hauses, zeichnet für die Galerie verantwortlich. Die Crème der (ober-)österreichischen Maler, Zeichner und Grafiker findet hier einen stilvollen Präsentationsrahmen, und der ist nicht alleine auf die Galerieräumlichkeiten beschränkt. Was alleine an Originalen von Attersee bis Zechyr rund um den „Stammtisch" bei der Schank hängt, davon bekommmen Sammler feuchte Augen.

Im Lokal vollbringt als Küchenchef der Pächter Josef Meiseleder seine Kunststücke. Gerade ein gutes halbes Dutzend Tische in einem stilvoll gestalteten Raum. Und denen widmet er sich mit ganzer Hingabe. In einer winzigen Küche zeigt er jeden Tag erneut, daß einen nicht nur Kunst auf Papier und Leinwand umgibt. Hier scheint das Wort von der Koch-Kunst noch Gültigkeit zu haben.

Das beginnt beim Erscheinungsbild der Karte. Eine kleine Schiefertafel im A5-Format kommt auf den Tisch. Darauf die Tagesspeisen in Schönschrift hingegriffelt. Nur zwei, drei Items von jeder Speisenfolge. Kerbelsuppe, Saibling, Leber oder Lachs. Lungenbraten, Ganslbrust oder ein Gustostück vom Reh. Honigparfait, Käse oder Beerenmus. Die Liste ließe sich endlos fortsetzen. Gewechselt wird fast täglich. Kommt ganz darauf an, was gerade reif und frisch verfügbar ist.

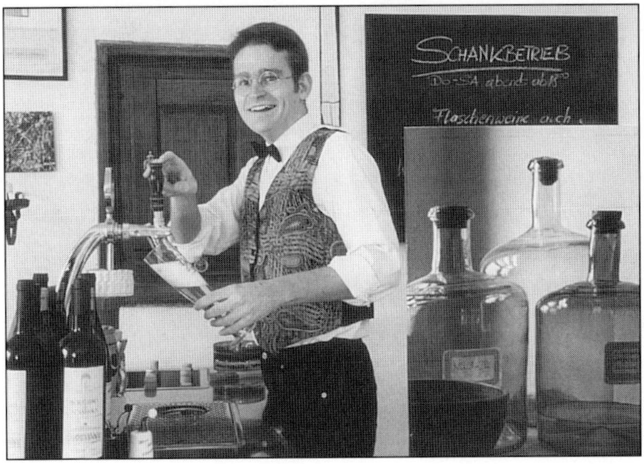

Die eigentliche Kunst bei Josef Meiseleder aber besteht darin, auf ungeheuer hohem Niveau so zu kochen, daß es nicht auffällt. Nichts, was bloß dem Auge schmeichelt auf dem Teller. Alles hat einen konstruktiven geschmacklichen Hintergrund, sogar die effektvolle Verzierung der Nachspeisenkreationen mit einem elegant gespritzten Schokoladesauceschriftzug.

Und auch die Weinauswahl gerät zum Erlebnis. Erstens des Preises halber, den man sich in dieser Kategorie höher erwartet und zweitens durch die Art der Karte. Ein großes Comptoirbuch wird gebracht, in dem alle seit Bestehen des Lokals verfügbar (gewesenen) Weine säuberlich aufgeführt sind. Bei den alten Jahrgängen findet sich naturgemäß ein „aus" vermerkt. Man blättert weiter und so mancher Schatz aus österreichischen Weingärten taucht hier unvermutet auf.

Zu behaupten, man würde billig speisen, hier am Tanglberg, das wäre übertrieben. Gemessen an Stil und Qualität und am Kunstgenuß, der sich hier auftut, ist jeder Schilling, den man hier zurückläßt, sicherlich bestens investiert. In einen Eindruck davon, was Essen sein kann.

Info Preise: 100,– bis 290,– • Erreichbarkeit: ÖBB-Linie Vorchdorf–Lambach bis Vorchdorf/Schule.

37 Waldschänke Grabmer

Grieskirchen

4710 Grieskirchen, Kickendorf 15, Tel.: 07248/62308, Öffnungzeiten: Dienstag bis Sonntag 10.00–15.00 Uhr und 17.30–24.00 Uhr, Montag Ruhetag

Exquisites Haubenlokal mit weitläufigem, kinderfreundlichem Garten am Waldrand. Exzellente Weinauswahl.

Noch vor sieben Jahren galt es als ein besonderer Vorzug unter wenigen eingeweihten Grieskirchnern, zu einem der Weinkulinarien oder Degustationsmenüs „beim Heinz" geladen zu sein. Damals war das etwas Außergewöhnliches in dieser Region. Noch dazu, wo doch das Haus, in dem diese gepflegten Schlemmereien stattfanden, weitum als einfaches Wirtshaus, als Jausenstation unter dem Vulgo-Namen „Krepat Ansch" bekannt war und keineswegs den Ruf eines Haute-Cuisine-Tempels genoß.

Gleich mehrere glückliche Fügungen des Schicksals trafen aber hier zusammen und machten aus der ehemal einfachen Jausenstation das Hauben-Lokal von heute.

Zum einen war es das Verdienst des Junior-Chefs – er hatte eine noble Kellnerausbildung auf Kreuzfahrtschiffen und in den großen Küche der Metropolen hinter sich gebracht, während seine Mutter das einfache Wirtshaus führte. Zum zweiten schneite dem jungen Chef durch Herzensbindung eine ambitionierte Fachfrau aus dem Gastgewerbe ins Haus, und drittens kreuzten sich seine Wege mit denen von Georg Friedl, einem Jungkoch, der derzeit sicherlich zu Österreichs Spitzengarde zu rechnen ist. Daß unter diesen Voraussetzungen auch noch durch Anregung des Gastwirtsehepaares Grabmer die wohl rührigste und konsequenteste Weinbruderschaft Oberösterreichs, COS, den Weg unter dieses Dach fand, war einerseits naheliegend, andererseits wirkte es sich sehr positiv auf die oenologische Kompetenz des gesamten Betriebes aus. In ganz Oberösterreich, vielleicht auch in ganz Österreich, wird man kaum eine so perfekt zusammengestellte Weinkarte mit Schwerpunkt auf österreichischen, italienischen und französischen Kreszenzen finden wie hier.

Georg Friedls Speisenkreationen, die dem Lauf der Jahreszeiten in perfekter Harmonie folgen, machen dieses Lokal zu einem preislich immer noch bestechenden Tip für Genießer, die sich ein kulinarisches Erlebnis der Extraklasse gönnen möchten.

Daß trotzdem von einem Abheben in die höheren Sphären der Preisgestaltung und der Arroganz, wie sie in Betrieben dieser

Klasse leider immer wieder zu finden ist, keine Rede sein kann, zeigt schon die Tatsache, daß hier noch immer auch Sparvereine und gesellige kleinbürgerliche Stammtischrunden aus der Bezirksstadt eine wohlige Bleibe vorfinden.

Ein großer, wie ein Mostobstgarten angelegter Gastgarten mit Salettl und geräumigem Kinderspielplatz sowie diverse Veranstaltungen mit Musik und Lesungen runden das Erscheinungsbild dieses Restaurants im Grünen ab. Eine besondere Verbindung besteht zu Schloß Tillysburg und zu den Opernfestspielen in Schloß Aistersheim, wo sich die kulinarische Kompetenz des Waldschänke-Teams zu vielfältigen Catering-Anlässen eindrucksvoll manifestieren kann. Schloß Aistersheim ist übrigens auch von der Waldschänke aus ein netter Ausflug, den man möglichst an einem der zahlreichen Aktionstage in Aistersheim unternehmen sollte. So hat man nämlich auch Gelegenheit, die Orangerie, ein barockes Gewächshaus, zu besichtigen und darin einen Kaffee mit Mehlspeis zu genießen.

Info Preise: 85,– bis 220,– • kinderfreundlich • Gastgarten • Erreichbarkeit: ÖBB, Bundesbus bis Grieskirchen, 1/2 Stunde Fußmarsch.

38 Restaurant Pilsbar Wengermühle

Schörfling

4861 Schörfling, Oberachmann 1, Tel.: 07662/4223, Öffnungszeiten: 10.00–24.00 Uhr, Montag, im Winter auch Sonntag nachmittag Ruhetag

Repräsentatives Restaurant in einem historischen Gebäude in Vorzugslage an der Ager. Hervorragende Küche und ausgezeichnetes Weinangebot.

Es riecht gut nach frisch gewachstem Holz, wenn man eintritt in das alte, aus rohen Bruchsteinen errichtete Haus, das hier in einem kühlen Grunde am Ufer der Ager liegt. Und eine der gelungensten Kombinationen aus alter Bausubstanz und zeitgemäßer Innenraumgestaltung tut sich dem Besucher auf. Die Schwere der Mauern ist spürbar, viel Holz und Glas bringen Licht und Leichtigkeit in die Räume, und so verschmelzen die Eindrücke zu einem Gefühl der Wohligkeit in der anregenden Spannung zwischen alt und neu.

Eine alte Mühle wurde hier in zeitraubender Kleinarbeit zu einem der stimmungsvollsten Restaurants, an denen die Atterseegegend sicherlich nicht arm ist, umgestaltet.

Langsam und gemächlich dreht sich daher auch ein Mühlrad unter der ehemaligen Mühlenplattform, auf der man im Sommer angenehm und direkt über dem Wasser speist. Die großen Eschen rund um das Anwesen, die sich auf einer großen, parkähnlichen Insel lose gruppieren, spenden angenehmen Schatten.

Und so, wie sich das Ambiente in Harmonie darstellt, so ist auch die Küche. Stets um geschmackliche Ausgewogenheit bemüht und auf der Grundlage dessen, was die Region bietet. Fische aus dem Attersee ebenso wie eine Erdäpfelsuppe, Carpaccios ebenso wie Schwammerln. Feine, leichte Fleischspeisen, Geflügel und zarte Innereien. Alles fein abgeschmeckt, nett auf dem Teller angerichtet und mit Freundlichkeit serviert.

Wie sehr man sich hier um die Gäste bemüht, belegt ein Vorfall, bei dem ein etwas schwieriger, etwa 8jähriger Sohn eines amerikanischen Ehepaares partout kein adäquates Essen auf der Karte fand (oder sich dies zumindest einbildete). Mit einer Engelsgeduld, wie man sie selten sieht, wurde dem jungen Mann schließlich ein Menü nach seinen Vorstellungen komponiert.

Ein besonderer Vorzug dieses Lokals ist obendrein seine Weinkarte. Hier treffen einander regelmäßig Weinkenner zu fachkundiger Verkostung, und der Patron ist in Weinkreisen ein gern gesehener Ge-

sprächspartner. Nicht ohne Grund findet sich in einer dekorativen Kiste im Vorraum ein Dutzend Flaschen „Clos Mogador", derzeit sicherlich einer der interessantesten Weine, die der europäische Markt zu halbwegs raisonablen Preisen anbieten kann.
Solche Weine werden zwar nicht glasweise ausgeschenkt, doch das, was zu den Gerichten auch glasweise serviert wird, sucht seinesgleichen in weitem Umkreis.
Daß man in solcher Lage und in einem solchen Ambiente natürlich etwas tiefer in die Tasche greift, ist verständlich und gemessen an der Qualität sehr wohl vertretbar.
Die unmittelbare Umgebung bietet Gelegenheit zum Baden auf den Inseln in der Ager, und am nahen Attersee warten alle sommerlichen Vergnügungen und kulturellen Herausforderungen auf das Publikum. Besonders zu empfehlen sind hier die Schloßkonzerte im alten Rittersaal in Schloß Kammer, wo man im langsam versinkenden Gemäuer internationale Musikergrößen in beinahe venezianischer Stimmung erleben kann.

Info Preise: 85,– bis 280,– • Gastgarten • Erreichbarkeit: ÖBB „Kammerer Hansl" ab Vöcklabruck bis Siebenmühlen/Rosenau.

39 Landgasthof Pension Dieplinger

Brandstatt

4070 Eferding, Brandstatt 4, Tel.: 07272/2324, Öffnungszeiten: 9.00–24.00 Uhr, warme Küche von 10.00–22.00 Uhr, Donnerstag Ruhetag (außer an Feiertagen)

Gehoben-ländliches Fischrestaurant unmittelbar an der Donau mit empfehlenswerter Naturküche und Fischspezialitäten, die man sonst nirgends bekommt.

Schon von weitem lädt das Ensemble zur Einkehr. Egal ob man sich zu Lande mit dem Auto auf der Bundesstraße, zu Fuß oder mit dem Fahrrad auf dem Donautreppelweg oder mit dem Schiff auf den Wellen der Donau nähert. Und im letzten Moment muß man dann doch achtgeben, beim richtigen Wirt einzukehren. In trauter Harmonie liegen sie nämlich direkt nebeneinander: der exklusive „Dannerbauer" in der Brandstatt und der „Dieplinger". Ist ersterer ohnehin in allen repräsentativen Gourmetführern als Haubenträger verzeichnet, so weiß auch der Nachbar durch ausgezeichnete Fischküche und feine, ländliche Kost zu bestechen. Ebenso wie durch einen lauschigen Gastgarten mit Blick auf unseren Schicksalsstrom und das Treiben im kleinen Yachthafen.

Alle Arten von Süßwasserfischen aus der Donau und aus Fischzüchtereien in der Umgebung stehen hier je nach Verfügbarkeit und ausgewählt nach der richtigen, saisonbedingten Reife der Fische auf der Karte zur Auswahl. Geradlinig natur gebraten, gebacken, blau gekocht, in Wurzelsud oder mit raffinierten Saucen zubereitet. Ebenso erfreut eine Palette von Vorspeisenkreationen mit Wassergetier, je nachdem, was gerade im Hause ist. Gegen Voranmeldung weiß die Hausfrau Paula Langmayr auch die Kenner unter den Gästen mit unüblichen Gerichten zu überraschen. Während nämlich vielfach nur die sogenannten Edelfische, also Forelle, Lachs, Zander, Hecht, Karpfen oder Schleie, verlangt werden, versteht sie es, die oftmals abschätzig betrachteten „Weißfische", die das Gros der Donaufische bilden, lecker zuzubereiten: Brachsen oder Aitel oder – ein Genuß, der seinesgleichen sucht – geschröpfte, gebratene Haseln. Wer sich solchen Genüssen hingeben möchte, der sollte sich und seinen ausgesuchten Gusto allerdings telefonisch ankündigen.

Aber nicht nur Fisch steht zur Disposition im Restaurant Dieplinger in der Brandstatt, sondern auch alles, was die Umgebung – und das ist in diesem Fall das fruchtbare Eferdinger Becken – an Gemüse zu bieten hat. Naturküche also. Und die ist Paula Langmayr ein Anliegen. Großer Wert zum

Beispiel wird hier auf knackige, frische Salate gelegt, die mit feinem Essig und ausgesuchten Ölen angerichtet werden und gerne als appetitanregende Vorspeise serviert werden. Daneben steht auch noch Wild, und zwar vor allem Hirsch aus dem eigenen Gehege, in allen Variationen auf dem Speiseplan.
Was die Getränkekultur angeht, so bemüht man sich im Hause Langmayr um große Kompetenz beim Wein und kann zu jedem Gericht vorzügliche Tropfen, zum Teil auch glasweise ausgeschenkt, anbieten. Ein Spezialkapitel schließlich ist die Domäne des Hausherren, das Schnapsbrennen. Er kredenzt eine große Palette ausgesuchter Obstbrände, die nach verführerischen Nachspeisenkreationen, für die zum Teil noch die Senior-Chefin verantwortlich zeichnet, einen gediegenen Abschluß eines Menüs darstellen.

WEISSFISCHFILETS MIT PETERSILSAUCE UND GEMÜSENUDELN

Zutaten:
80 dag Weißfischfilets (oder Zander, Schleie)
8 dag Butter
20 dag breite Dinkelnudeln
½ l Schlagobers
2 EL Crème fraîche
1/16 l Wasser
2 Bund Petersilie
1 Zucchino, 2 Karotten, 10 dag Porree, 1 kleine Zwiebel
1 Zitrone, Salz, Pfeffer

Zubereitung:
Zucchino, Karotten und Porree waschen, Karotten schälen und zusammen mit dem Zucchino und dem Porree in lange, dünne Streifen schneiden. Das Gemüse im Salzwasser ca. 3 Minuten aufkochen (bißfest), abseihen und mit Wasser abschrecken.
Eine Pfanne mit ca. 5 dag Butter ausstreichen und gehackte Zwiebel daraufstreuen.
Weißfischfilets auf Zwiebel legen, salzen, pfeffern, mit etwas Zitronensaft beträufeln, Wein übergießen und etwa 1/16 Wasser zufügen. Aufkochen, Pfanne zudecken und im heißen Backrohr bei 200° ca. 8 Minuten lang dünsten.
Die restliche Butter erhitzen und die Gemüsestreifen mit den gekochten Dinkelnudeln durchschwenken.

Sauce: Weißfischfilets aus der Pfanne nehmen. Gehackte Petersilie im Fischsud aufkochen, Obers dazu und kurz aufkochen lassen. Crème fraîche, Gewürze, Zitronensaft zugeben, abschmecken. Mit Mixer pürieren und auf eine schaumige Konsistenz aufschlagen.

Abbildung: siehe Bild im Farbteil

Info Preise: 75,– bis 180,– • kinderfreundlich • Gastgarten • Erreichbarkeit: LILO bis Eferding (1 Stunde Fußmarsch), Bundesbus bis Brandstatt, Donauradwanderweg.

40 Grünberg am See

Gmunden

4810 Gmunden, Traunsteinstraße 109, Tel.: 07612/3653, Öffnungszeiten: 10.00–24.00 Uhr, kein Ruhetag

Gasthof am östlichen Traunseeufer mit großer Gartenterrasse und gehobener, dabei preiswerter Küche. Fischspezialitäten. Seminarhotel.

Man wagt seinen Augen nicht zu trauen, aber kaum hat man einen Platz auf der beinahe überfüllten Terrasse ergattert und sich auf eine längere Wartezeit gefaßt gemacht, schon steht die freundliche Bedienung da, bringt die Karte und nimmt die Bestellung auf. Kein einmaliger Zufall, stellt man beim nächsten Besuch fest. Da muß System dahinterstecken. Eine optimale Betreuung des Gastes haben sich Franz und Ingrid Pernkopf auf die Fahnen geheftet, und die beginnt schließlich damit, daß keine langen Wartezeiten auftreten.

Und man würde sie, hat man einmal gegessen beim „Grünbergwirt", auch nicht ertragen. Zu groß wäre die Vorfreude auf die Paradegerichte des Hauses. Der Fisch spielt hier nämlich eine große Rolle, und wer hier einmal ein Mus aus geräucherten Riedlingen und Reinanken verkostet hat, der vergißt den Genuß nicht so schnell.

Klasse hat auch eine Platte mit Traunseefischen und hausgemachten Nudeln. Hecht, Seeforelle und Reinanke drängen sich in manierlichen Stücken um die Nudeln, die ein Bad in köstlicher Rieslingsauce genommen haben. Der dazu passenden Riesling wird gleich mitserviert. Die Joghurt-Topfennockerln zum süßen Abschluß sollten sich Schleckermäuler keinesfalls entgehen lassen.

Aber der „Grünbergwirt" wäre kein Traunseewirt, würde er nicht auch Käse aus der Region anbieten. Ein Käseteller schließt bekanntlich den Magen am besten. Dazu wird Süßwein sogar glasweise gereicht.

Um den Wein kümmert man sich hier besonders. Franz Pernkopf, selbst ambitionierter Sommelier, hat für seine Gäste (Zitat: „Die Hausgäste wollen ja auch etwas geboten bekommen") eigens einen Weinverkostungsraum eingerichtet, in dem man sich von der Qualität der hauseigenen Vinothek überzeugen kann.

Damit sich auch die Kinder nach genossenem Mahl nicht langweilen, gibt´s ein eigenes Kinder-Spielzimmer mit einer abenteuerlichen Spiellandschaft und allen Vorkehrungen gegen Unfälle.

Naturgemäß nützen viele Firmen das Angebot, hier mehrtägige Seminare abzuhalten, und so wird versucht, mit verschiedenen Aktivitäten den Aufenthalt so angenehm wie möglich zu gestalten. Dazu gehören regelmäßige Käseverkostungen von Produzenten rund um den Traunsee oder Weinabende. Im Sommer kann´s auch einmal ein gemeinsamer Bootsausflug zum Fischer sein, von dem der „Grünbergwirt" die Fische bezieht.

Außerdem ist der „Grünbergwirt" mit anderen Wirten zur Marketinggemeinschaft der Traunseewirte zusammengeschlossen. Das macht ein Wiederkommen doppelt attraktiv. Nette Aufmerksamkeiten warten nämlich, wenn eine volle Kundenkarte vorgewiesen werden kann.

TRAUNSEEANKENMOUSSE

Zutaten:
250 g Reinankenfilets
Salz, weißer Pfeffer, etwas Zitronensaft
2 EL Weißwein
1/4 l Obers
5 Blatt Gelatine

Zubereitung:
Die geräucherten Reinanken enthäuten, entgräten und durch die feinste Scheibe der Faschiermaschine drehen oder im Mixer cutten. Danach durch ein Haarsieb streichen. Die glatte Masse mit Salz, Pfeffer und Zitronensaft pikant würzen. Die in kaltem Wasser eingeweichte Gelatine ausdrücken und in dem erhitzten Weißwein auflösen und zur Masse geben. Das Obers halbfest schlagen und darunterziehen. In eine Terrinenform, die mit Klarsichtfolie ausgelegt ist, füllen und einige Stunden kalt stellen. Die Form kurz in heißes Wasser stellen, stürzen und portionieren.

Abbildung: siehe Bild im Farbteil

Info Preise: 70,– bis 160,– • kinderfreundlich • Gastgarten • Erreichbarkeit: ÖBB bis Gmunden, Traunseeschiffahrt • Freizeitangebot: Eigener Badeplatz, Sauna, Dampfbad im Haus, Kulturangebot in Gmunden und Traunkirchen (Sommerfestspiele, Sommerkarneval).

41 ZUR HALTESTELLE

OFTERING

4064 Oftering 38, Tel.: 07221/72127, Öffnungszeiten: 10.00–24.00 Uhr, warme Küche: 11.30–14.00 und 17.30–21.00 Uhr. Dienstag und Mittwoch Ruhetag

Gutbürgerliches Spezialitätengasthaus direkt an der Bahn. Schwerpunkte auf sommerlich-leichter Küche und Wild.

Wenn ein Gasthaus „Zur Haltestelle" heißt, dann gehen die Assoziationen zumeist in Richtung Bahnhofswirt. Und das bedeutet dann fast ausnahmslos schmierige Kneipe, viel Lärm und Rauch, Bierschwaden und zotige Witze und das Gefühl der Deplaziertheit beim Eintreten. Ganz zu schweigen von der „Speisekarte": Toast oder Würstel in Saft ... aus. Bier oder Kracherl ... aus. Das soll nicht heißen, daß damit nicht auch eine Facette der sozialen Aufgaben der Gastronomie erfüllt wird. Aber davon soll hier nicht die Rede sein.

„Zur Haltestelle" in Oftering, das heißt im konkreten Fall das genaue Gegenteil. Gepflegte Gastlichkeit nämlich und das Wirken eines Spezialisten. Und das ist Leopold Humer, der hier mit seiner Frau und einem eingeschworenen Team das Wohl seiner Gäste zur Maxime seiner geschmackvollen Arbeit gemacht hat.

Da ist einmal der Garten, den er im Sommer für seine Gäste bereithält. Fast wie ein Park mutet er an mit seinen hohen Bäumen und dem eingezäunten Spielplatz. Und durch seine Lage schirmt das Haus das Publikum vom Lärm der in kurzen Abständen vorbeibrausenden Westbahn ab. Im Inneren präsentieren sich die Gasträume gepflegt, zeitlos und unaufdringlich gemütlich.

Zu wahren Hymnen aber können die angebotenen Gerichte hinreißen. Neben der Liebe zu den Standardgerichten, die hier auf den Teller kommen, hat Leopold Humer sein Herz nämlich einerseits den leichten sommerlichen Kreationen mit Geflügel, Fisch und Salaten verschrieben und zu herbstlicher Zeit den deftigen Genüssen, die Gans und Wild bescheren.

Keineswegs Paragraphenreiterei beispielsweise darf man sich vom „Jägerrecht", einer eingemachten Wildinnereiensuppe, erwarten und auch seine übrigen Wildzubereitungen werden so schnell nicht von anderen Köchen übertroffen. Das beginnt schon im frühen Sommer mit dem Maibock, den er rosig gebraten mit eigenem Saftl und köstlich angerichtet mit den passenden Beilagen serviert, und das endet knapp vor Weihnachten mit exquisiten Zubereitungen von Wildschwein in allen

Variationen. Dazwischen können Hirsch und Reh überzeugen, und das Niederwildrevier rund um Oftering beschert Fasane und Hasen im Überfluß.

Wie konsequent Leopold Humer bei der Zubereitung seiner Speisen und deren Beilagen ans Werk geht, kann vielleicht die Tatsache illustrieren, daß er die Preiselbeeren, die als Tüpfchen auf dem I zum Wild nicht fehlen dürfen, selbst einmacht. So wie er überhaupt auch zu den herbstlichen Beeren ein überaus zärtliches Verhältnis zu haben scheint. Sein spezieller Heidelbeerstrudel nämlich zählt zu den am meisten nachgefragten Schlußpunkten der herbstlichen Menüs beim Haltestellenwirt. Daß dazu natürlich auch entsprechende Weine, vornehmlich österreichischer Herkunft, angeboten werden und zum Drüberstreuen edle Obstbrände, versteht sich von selbst.

MAIBOCKSCHNITZERLN IM FEINEN NATURBUTTERSAFTERL

Zutaten:
4 Maibockschnitzerln à 18 dag
1/8 l brauner Rehfond oder Rindsuppe
1/8 l guter Rotwein
10 dag kalte Butterflocken
etwas Öl
Salz und Pfeffer aus der Mühle

Zubereitung:
Schnitzerln mit Salz und Pfeffer würzen, kurz in Öl anbraten, aus der Pfanne nehmen und im Rohr warmstellen. Bratenrückstand mit Rehfond und Rotwein ablöschen. Gut aufkochen lassen und mit den kalten Butterflocken aufmontieren und passieren; auf die angerichteten Rehschnitzerln geben.

Beilage: Butternudeln, Apfelrotkraut, Serviettenknödel oder Kartoffelkroketten

HEIDELBEERSTRUDEL

Zutaten:
(für 4 Personen)
Ausgezogener Strudelteig
40 dag Heidelbeeren
10 dag Biskuitbröseln
2 cl Rum
Zimt und Vanillezucker
10 dag Feinkristallzucker

Zubereitung:
Alles behutsam zusammenmischen und damit den ausgezogenen Strudelteig füllen, einschlagen, mit Ei bepinseln und im Rohr bei 180° backen.

Info Preise: 75,– bis 210,– • kinderfreundlich • Gastgarten • Erreichbarkeit: ÖBB bis Oftering.

42 Fischrestaurant Landhaus

Feldkirchen an der Donau

4101 Feldkirchen/D., Freudenstein 108, Tel.: 07233/6020, Öffnungszeiten: ab 17.00 Uhr, Montag, Dienstag Ruhetag. Samstag und Sonntag auch 11.00–14.00 Uhr

Gepflegtes Fischrestaurant mit Geheimtipcharakter und ausgezeichneter Küche.

Der Badesee wird assoziiert, vielleicht noch der Wasserschilift oder der Golfplatz, wenn von Feldkirchen an der Donau die Rede ist. Und das wird, was die Verpflegung anbelangt, in den meisten Fällen gleichgesetzt mit dem mitgebrachten Erdapfelsalat aus der Kühltasche, oder, wenn´s gut geht, mit Mostbauer, Brettljause und Steckerlfischen.

Die Steckerlfische, die hat es ja bis vor wenigen Jahren hier noch gegeben, direkt an der Straße. Gut waren sie, und dazu ist sogar Wein ausgeschenkt worden, nicht nur das Flaschenbier, das bei vielen Standeln Standard ist. Und im Haus hat man panierte und gebratene Fische aus der eigenen Fischerei serviert.

Aber dann haben „die Jungen" übernommen, und ein sanfter Generationenwechsel hat sich vollzogen. Harald und Eva Halbweis haben seither das Lokal umgebaut und die Fischküche zu höchster Qualität verfeinert.

Exquisite Fischvorspeisen bereiten vor auf sensationelle Hauptgerichte von heimischen Fischen, aber auch von Meeresfischen. Und wer sich mit dem Fischgenuß nicht anfreunden kann – was hier allerdings fast als Sakrileg gewertet werden muß –, für den stehen Gerichte aus der kreativen Küche von Harald Halbweis zur Verfügung. Mit feinem Fleisch oder zarten Innereien. Schwammerln, Nudeln oder zauberhafte Risotti. Nicht zu vergessen die Nachspeisen, die hier zu höchster Vollkommenheit gedeihen.

Dabei wird hier vom Ehepaar Halbweis ganz alleine gearbeitet. Harald Halbweis, in der halben Welt kulinarisch herumgekommen, organisiert die Küche, und Eva Halbweis bestreitet das Service. Freundlich, kompetent und erstaunlich flink. Einfach bravourös!

Das Haus, in dem sich diese herzliche Gastlichkeit mit vorzüglichen Genüssen paart, ist eines jener Gebäude, an denen man hundertmal vorbeifahren kann, ohne ihnen größere Beachtung zu schenken. Und dann schnackelt es plötzlich, man macht einen Probebesuch, und der fällt grandios und als höchst angenehme Überraschung aus. Hinter dem Haus nämlich öffnet sich eine familiäre Terrasse mit schönem Ausblick auf die Auenlandschaft rund um Feldkirchen. Exotische Kübelpflanzen und eine dichte Hecke aus Ziersträuchern schirmen den Straßenlärm ab. Man blickt auf Feldwege, auf denen sich im Abendlicht Fasane, Rehe und Hasen tummeln. In großen Becken unter der Terrasse sehen alle Arten von Fischen ihrem Schicksal entgegen. Im riesigen Aquarium aber, das effektvoll als Raumteiler im Restaurant eingesetzt ist, tummelt sich anderes Getier. Riesige tropische Barsche und Welse haben hier ihr Zuhause. Keine Speisefische, bei deren Anblick den Gast das Mitleid packt, sondern eine Augenweide. Hier versteht man sich eben auf die Behandlung von Fischen.

GRIESSFLAMMERIE AUF CASSISHIMBEEREN

Zutaten:
(für 4 Personen)
1/4 l Milch
1/2 Vanilleschote
das Abgeriebene von 1/2 Zitrone
30 g Grieß
5 Blatt Gelatine
3 Eigelb
70 g Zucker
1/4 l Sahne

Zubereitung:
Die Milch mit der Vanilleschote und der abgeriebenen Zitronenschale aufkochen. Den Grieß unter ständigem Rühren hineinschütten, bis die Masse leicht andickt, dann die eingeweichte gut ausgedrückte Gelatine unterrühren. Die Eigelb mit dem Zucker cremig schlagen u. nach u. nach zu der Grießmasse rühren. Auf Eiswasser kaltrühren und zum Schluß die geschlagene Sahne sorgfältig unterziehen. Die fertige Masse in geölte Formen geben und 6 Stunden im Kühlschrank fest werden lassen. Auf Himbeeren mit gebundenem Cassislikör servieren.

Info Preise: 90,– bis 220,– • Gastgarten • Erreichbarkeit: Bundesbus Ottensheim–Aschach bis Freudenstein • Freizeitangebot: Donauradweg, Golfplatz Feldkirchen, Badesee Feldkirchen.

43 Bar-Restaurant Ofenloch

Grieskirchen

4710 Grieskirchen, Roßmarkt 21, Tel.: 07248/66138, Öffnungszeiten: 16.00–2.00 Uhr, Sonntag 16.00–24.00 Uhr, Montag Ruhetag

Modernes Restaurant in alten Gewölben mit Küchenschwerpunkt auf originellen Erdäpfelzubereitungen und Steaks.

Eines ist dem neuen Besitzer des Hauses, dem Präsidenten des oberösterreichischen Vereins für Denkmalpflege, Dr. Georg Spiegelfeld – seines Zeichens auch Schloßherr auf Schlüßlberg, Parz und Tillysburg – hoch anzurechnen: nämlich daß er das wunderschöne, barocke Wirtshaus, das ehemalige „Gaisberger" am Grieskirchner Roßmarkt, zwar vorbildlich renoviert, aber nicht zur Gänze der Mietengeierei um schicke Büros in den begehrten historischen Räumen preisgegeben hat. Er hat auch an die ehemalige Bestimmung des Hauses gedacht und einen gastgewerblichen Betrieb darin angesiedelt.

Keineswegs ein armseliges Dasein ist dem „Ofenloch" in den ziegelgewölbten Kellerräumlichkeiten seither beschieden. Der geschäftstüchtigen Führung des örtlichen Gastronomietycoons Thomas Altendorfer anvertraut, findet man unangemeldet kaum Platz im Lokal.

Das mag vielleicht daran liegen, daß die kargen und für sich eigentlich alleine wirkenden, starken Räumlichkeiten mit allerlei Schnickschnack publikumsfreundlich herausgeputzt wurden. Einen großen Anteil am Erfolg des Lokals hat allerdings das kulinarische Konzept. Einerseits hat sich das Lokal mit seiner Karte einer Eloge an den Erdäpfel verschrieben. Die erdige Knolle gibt es hier in allen nur erdenklichen Varianten von einfach bis nobel zu verkosten. Zum zweiten aber hat der Chef des Hauses mit Anneli Bauer, einer gebürtigen Finnin, die schon den seligen finnischen Staatspräsidenten Kekkonen exquisit bekocht hat, eine der sensationellsten Küchenzauberinnen des Landes an den „Ofenloch"-Herd verpflichtet.

Die Gerichte aus ihrer Hand sind in jedem Fall eine Kategorie für sich. Eingesperrt in Menüpläne und unter den gegebenen Bedingungen, erreicht sie schon Unglaubliches. Wenn sie aber einmal in weniger stressigen Zeiten loslegt, um aus dem in der Küche Vorhandenen für liebe Bekannte ihre eigenen Kreationen zu zaubern, dann kommt man aus dem Staunen nicht mehr heraus. Eines muß man den Skandinaviern einfach lassen: Kaum ein anderer weiß mit

Fisch so phantasievoll umzugehen wie sie. Entsprechend hat sich Anneli Bauers Anwesenheit auch auf die an sich etwas unflexible Karte sehr befruchtend ausgewirkt. So verspricht zum Beispiel der Erdäpfel mit Lachs nicht zuviel. Ebenso ein grüner Salat, der mit Räucherlachs angerichtet wird, oder eines der saftigen Steaks. Das Bier wird an der Bar, an der sich so manches Seidl in gemütlichem Tratsch verbringen läßt, kultiviert gezapft, und wenn man das Glück hat, einen Tisch zu ergattern, oder sich vorher angemeldet hat, so sitzt man gemütlich und gut klimatisiert. Auch die Weine können überzeugen, sogar wenn ein guter Teil des Publikums den Rebensaft gespritzt konsumiert. Immerhin ist der sensationelle Zweigelt eines Paul Triebaumer aus Rust einer der Hausweine, und das wirft bei allem Vorbehalt der Dekoration gegenüber kein schlechtes Licht auf die Geschäftsführung.

Thomas Altendorfer betreibt in Grieskirchen übrigens noch einige Lokale im Veranstaltungszentrum Manglburg und bietet sich dabei zur Veranstaltung auch größerer Festivitäten wie Hochzeiten mit einigen hundert Gästen an.

Abbildung: siehe Bild im Farbteil

Info Preise: 55,– bis 220,– • Gastgarten • Erreichbarkeit: ÖBB oder Bundesbus bis Grieskirchen (Stadtzentrum).

44 Erdäpfelpension Rankleiten

Pettenbach

4643 Pettenbach, Dürndorf 58, Tel.: 07586/8819, Öffnungszeiten: 10.00–24.00 Uhr. Montag Ruhetag

Landgasthof an der Alm mit traditioneller Küche und großartigen Erdäpfel-Kompositionen. Erste österreichische Erdäpfeldiätpension.

Van Gogh hat sie als den Inbegriff der Armut in einem seiner Bilder verewigt, die „Kartoffelesser", und auch Käthe Kollwitz hat in ihren sozial engagierten Zeichnungen vom Elend der schlesischen Weber die Tatsache herausgestrichen, daß diese Leute nur Erdäpfel zu essen hatten.
So gesehen, müßte es eigentlich wie purer Zynismus wirken, wenn sich heute wohlhabende Träger überflüssiger Kilos einer Erdäpfeldiät anvertrauen und sich damit auf den Rückweg zum ranken, schlanken und vitalen Idealbild vom Menschen im ausgehenden 20. Jahrhundert machen.
Tatsächlich stellen Ernährungswissenschaftler heute einhellig fest, daß kaum ein anderes landwirtschaftliches Produkt die Erdäpfel in punkto Reichtum an verwertbarer Energie, Vitamin- und Mineralgehalt in den Schatten stellen kann. Die Erdäpfel also als *das* ideale Nahrungsmittel. Und genau in diese Kerbe schlägt Uli Haunschmid-Mayr in ihrem Restaurant zwischen Pettenbach und Scharnstein im malerischen Almtal, an das die „Erdäpfelpension Rankleiten" angeschlossen ist.
Das heißt allerdings keineswegs, daß man hier nicht auch anderes als die Wunderknollen auf den Teller bekommt. Vom Hirschbraten zur Jagdzeit bis zu feinen Almtalforellen zaubert die Wirtin all das auf den Tisch, was das Herz des Gastes höher schlagen läßt. Ihr eigenes Herz allerdings schlägt fast ausschließlich für die Erdäpfel. Und zwar so heftig, daß sie es versteht, selbst süße Nachspeisen so g´schmackig aus Erdäpfeln zuzubereiten, daß ein Gedanke an Diätkost nicht im entferntesten aufkommen kann. Und das auch bei Gästen, die sich mit einer Diät nicht im geringsten anfreunden könnten.
Die Zweigleisigkeit, mit der hier gefahren wird, einerseits „Schlankheitsinstitut zum leckeren Erdäpfel Rankleiten" und andererseits das gute, gutbürgerliche „Restaurant Rankleiten" wirken hier in höchst befruchtender Weise aufeinander.
Ihren Pensionsgästen, die zum Abspecken hier ihren Urlaub genießen, serviert sie beispielsweise regelmäßig einen falschen Schweinsbraten aus hundert Prozent Erdäpfeln. Und den kann auf Verlangen auch

der Gast im Restaurant ordern. Vorausgesetzt, er steht gerade auch bei den „Diätlern" auf der Speisekarte. Ansonsten kann er auch nach entsprechend zeitgerechter Anmeldung im Restaurant genossen werden.

Neun Kilo, das ist der Durchschnitt an überflüssigem Körperfett, den übergewichtige Gäste hier im Laufe einer Woche unter Aufsicht eines Arztes und einer Diätassistentin in Nichts auflösen. Die Diät, der sie sich dabei verschreiben, besteht ausschließlich aus Erdäpfeln, Entschlackungstee und Mineralwasser. Bier ist in einem solchen Fall nicht erlaubt, auch wenn es frisch und kultiviert in der Wirtsstube aus dem Zapfhahn fließt. Und um eventuelle Panikreaktionen auszuschalten, ist die Diätabteilung in einem Nebengebäude untergebracht. Ebenso wie Sauna, Massageinstitut und Biothermalkammer. Panikreaktionen allerdings können höchstens auf (schlechte) Gewohnheit zurückgeführt werden. Sonst wäre es nicht möglich, daß sich die Fans der Erdäpfeldiät aus ganz Österreich und dem benachbarten Ausland regelmäßig treffen und zahllose Dankschreiben aus ganz Europa der knollenbesessenen Wirtin aus dem Almtal Rosen streuen.

Über das Almtal an sich viele Worte zu verlieren, ist überflüssig. Der Fluß, einer der reinsten und naturbelassensten Oberösterreichs, führt durch die schönsten alpinen und voralpinen Landschaften des Bundeslandes. Von Grünau aus, wo Konrad Lorenz mit seinen Graugänsen das Verhalten des Federviehs erforscht und seine Rückschlüsse auf den Menschen gezogen hat, erreicht man die Kasbergalm, auf der ein uriger Senner seit Jahrzehnten ein Stück Geschichte, das er verinnerlicht hat, einer wißbegierigen Schar kundtut. Der Almabtrieb von dieser Alm gerät alljährlich zu einer der schönsten und ursprünglichsten Manifestationen lebendiger oberösterreichischer Tradition. Im Sommer und Herbst stellen unzählige Wanderrouten, die von hier ihren Ausgang nehmen, sanfte Touristen vor die Qual der Wahl. Im Winter ist das Gebiet rund um Grünau als Schigebiet beliebt.

Abbildung: siehe Bild im Farbteil

Info Preise: 70,– bis 180,– • kinderfreundlich • Gastgarten • Erreichbarkeit: ÖBB-Linie Wels–Grünau bis Heiligenleithen oder Steinbachbrücke, ca. 1/2 Stunde Fußmarsch.

45 Backhendlstation Schaich

Wallern an der Trattnach

4702 Wallern an der Trattnach, Schranne 3, Tel.: 07249/48157, Öffnungszeiten: 10.00–22.00 Uhr, Montag, Dienstag Ruhetag

Der Klassiker unter den Backhendlstationen, der sich der variantenreichen Zubereitung dieses Federviehs in Top-Qualität verschrieben hat.

Die Max-und-Moritz-Sgraffiti sind gleich geblieben seit der Zeit, in der ich als kleiner Bub mit meinen Eltern nach einem Besuch der Welser Messe beim „Hendl-Schaich" einkehrte. Ein Ereignis, das seinerzeit, in mir eigenartige Assoziationen auslöste. Ein Scheich, das wußte ich ja, war jemand, der viel Öl oder viele Kamele oder Frauen besaß. Ein Hendl-Scheich mußte also jemand sein, der anstelle von Öl, Kamelen oder Frauen viele Hendln sein eigen nannte. Eine kleine Enttäuschung also war, daß damals kein weißgewandeter, hakennasiger, dunkel beschnurrbarteter Herr mit Burnus und Kopftuch auftrat, sondern ein gemütlicher, rundlicher Wirt. Die Max-und-Moritz-Bilder an den Wänden haben mich seinerzeit über diese Enttäuschung hinweggetröstet. Und die Tatsache, daß ein Hendl damals noch ein recht exklusives Nahrungsmittel war.

In der Zwischenzeit ist natürlich vieles anders geworden. Die Hendln sind nicht mehr das, was sie einmal waren, und die Scheichs haben wir spätestens seit 1973 als Feindbilder verinnerlicht. Aber, wie gesagt, die Max-und-Moritz-Bilder an den Wänden sind noch immer da. Leicht verblaßt vielleicht. Und auch die Täfelung an den Wänden ist erneuert worden. Ein wenig in Richtung Exklusivität. Und exklusiver sind auch die Hendln geworden. Hier wird wirklich nur frischeste Ware verarbeitet, und das sehr gut. Als Standardtip empfehlen sich natürlich, je nach Geschmack, Brat- oder Backhendl. In Erdnußöl schonend in der Pfanne – und darauf sollte man Wert legen – herausgebacken oder aus dem Backrohr, so kommen die Flieger auf den Tisch. Simpel mit einer Zitronenscheibe und ein paar Bratkartofferln. Und es ist gut so. Üppige Gemüter bestellen sich noch einen Erdäpfelsalat mit Mayonnaise dazu. Dann sollte die Sache aber genügen.

Natürlich werden hier auch andere Speisen angeboten. Schnitzel, Schweinsbraten, Koteletts und dergleichen finden sich ebenfalls, aber deutlich unter „ferner liefen" auf der Speisekarte und sind in der Qualität sicherlich nicht minder zu bewerten. Aber wer geht schon in *die* Backhendlstation, um dann Schweinernes zu essen? Da empfiehlt sich schon eher, wenn sie auf der Tageskarte steht, eine gebackene Hühnerleber oder eine Hühnersuppe oder natürlich eine der kräftigen Rindsuppen mit verschiedenen Einlagen, wenn jemand schon glaubt, mehr als eine Portion Hendl zu benötigen.

Zu einer Nachspeise im traditionellen Stil, aber ohne viel Firlefanz aufgetragen, läßt sich durchaus auch raten. Und wer sich schon nach Wallern begibt, um hier Hendl zu schmausen, der sollte sich ohne Scheu auch an den Chef wenden und nach der Weinkarte fragen. Im Keller des Hauses an der Schranne, auf gut oberösterreichisch „an der Schreamsn", an der scharfen Kurve – andere behaupten wieder, der Begriff „Schranne" leite sich von „Schranken", also Zollhaus, Mautstation ab, denn eine Brücke führt hier gleich nebenan über die Trattnach, bis 1779 der Grenzfluß zwischen Österreich und Bayern –, also im Keller besagten Hauses schlummern nämlich vorzügliche Weine, die natürlich in der Mehrzahl zu hellem Geflügelfleisch passen. Allerdings läßt sich darunter auch so mancher Tropfen für ein angeregtes Plauscherl danach finden.

Einziger Wermutstropfen an der ganzen Sache ist das Fehlen eines vollwertigen Gastgartens. Der (aufklappbare) Wintergarten läßt es zwar im Winter zu, hell und luftig zu speisen. An lauen Sommernachmittagen allerdings würden Kastanienbäume und knirschender Kies viel besser zu den knusprigen Backhendln passen als die gediegene Einrichtung. Aber man kann eben nicht alles auf einmal haben.

Info Preise: 70,– bis 120,– • kinderfreundlich • Erreichbarkeit: ÖBB bis Bad Schallerbach/Wallern, Bundesbus bis Wallern • Freizeitangebot: Eurotherme Bad Schallerbach (Aquapulco).

46 GASTHAUS BAR AGATHON

LINZ

4020 Linz, Kapuzinerstraße 46, Tel.: 0732/771169, Öffnungszeiten: 17.00–2.00 Uhr

Gemütliches, kleines Stadtgasthaus mit Schanigarten. Multikulturell angehauchte Küche.

Klein und unauffällig von außen ist das „Agathon". Innen offenbart es sich im Stil dezent zeitgeistiger Gemütlichkeit. Alte Tische, Bänke und Sessel, kombiniert mit der sachlichen Stilistik der 90er Jahre. Zwei Gasträume nehmen die Besucher auf. Und darin sitzt man zuweilen recht dicht gedrängt, aber immer noch mit genügend Abstand, um die eigene Intimsphäre zu wahren. Dasselbe gilt für den kleinen Gastgarten, der durch eine Weinlaube von der Straße abgeschirmt wird. Vor allem im Sommer ein mit dem Mittel zeitgerechter Reservierung heiß umkämpftes Plätzchen, das die Segnung der Küche zu einem noch größeren Erlebnis macht.

So wie in der Musik bisweilen der Begriff „Weltmusik" auftaucht, so könnte man den Küchenstil, wie er für eine ganze Reihe junger Lokale in den Großstädten typisch ist, als „Weltküche" apostrophieren. Man nimmt, was die sechs Kontinente gerade an geschätzten Ingredienzien hergeben. Eine Karotten-/Ingwer-Cremesuppe kann dann die Folge sein. Eine köstliche Vorspeise, die für die Dauer ihres Verzehrs den Genießer zu einer geistigen Weltreise zu den kulinarischen Schätzen des Erdballs animiert. Keineswegs exotisch dagegen eine Steinpilzsuppe, die in ihrer Würzung nicht so schnell übertroffen werden kann.

Im Sommer hauptsächlich Salatkreationen mit Geflügel oder leichten Innereien (mit Bries zum Beispiel), im Winter Deftigeres, dabei durchaus auch Wild, Gansl und Ente, aber ohne das Fleisch in pappigen Saucen zu ersticken, das sind die Hauptspeisen im „Agathon". Daneben natürlich auch die ganze, vorzügliche Palette verfeinerter Hausmannskost, nach der man sich immer schon gesehnt hat.

Für den kleinen Hunger bietet man eine Spezialität: überbackene Gorgonzolastangerln. Der Länge nach aufgeschnittene handgewuzelte Salzstangerln, die mit Butter und Gorgonzola überbacken werden. Eine Kleinigkeit, die als Schmankerl zwischendurch – wenn man nicht vor hat, groß zu speisen – längere Abende im „Agathon" abwechslungsreich gestaltet.

Ein Herz für süße Seelen muß der Koch im „Agathon" auf jeden Fall besitzen. Seine Süßspeisen sind von ausgezeichneter Güte. Das beginnt bei einem natürlich nur zur

richtigen Jahreszeit verfügbaren Marillen-Schokokuchen und das endet bei den besten Mohnnudeln, die Linz seit den seligen Zeiten, als meine Großmutter noch kochte, zu kosten bekommen hat.
Bei allen diesen Vorzügen darf nicht unter den Tisch fallen, daß die Bedienung ausgesprochen freundlich und zuvorkommend und dabei höchst sachkundig ist. Der Gast wird hier nicht nach der zu erwartenden Höhe seiner Konsumation taxiert und entsprechend behandelt.
„Demokratisch", das ist die Grundstimmung hier, die ein wenig vom Lebensgefühl und von den Idealen der 68er-Generation herübergerettet hat, ohne dabei in nostalgische Schwärmerei zu verfallen. Daher ist es auch hauptsächlich die Altersgruppe der 30–40jährigen, die das „Agathon" frequentiert.
Und die trinken hier nicht nur ihr Bier, sondern auch österreichische Weine, hauptsächlich aus dem Kamptal, und italienische Kreszenzen.
Das tendenziell radikal-alternative Kulturzentrum KAPU, nur wenige Minuten zu Fuß entfernt, das immer wieder interessante Konzerte und Kulturveranstaltungen anzubieten hat, läßt einen Besuch des „Agathon" vor oder nach einer solchen Veranstaltung als geeigneten Auftakt oder besser Abschluß erscheinen.

Info Preise: 75,– bis 170,– • Gastgarten • Erreichbarkeit: ESG-Linie 27 (Haltestelle Hopfengasse)

47 Burggasthof Pürnstein

Neufelden

4120 Neufelden, Pürnstein 5, Tel.: 07282/6230, Öffnungszeiten: 9.00–23.00 Uhr, Dienstag Ruhetag

Landgasthof neben der Burgruine Pürnstein mit ausgezeichneter, verfeinert-bodenständiger Küche. Lichtes Ambiente, schöner Ausblick.

Schlagartig ändert sich das Bild. Haben sich noch vor ein paar Minuten an einer verschlungenen Gemeindestraße die abscheulichen Industriehallen ins Hirn gebrannt, die der deutsche Industrieabenteurer Müller-Wipperfürth in den 60er Jahren auf die grüne Wiese des malerischen Mühlviertels geklotzt hat, so tut sich jetzt mit einem Mal das gewundene, schmale Tal der Großen Mühl auf, und vor einem prangt auf einer Felsnase die Burgruine Pürnstein. Ein mächtiges Gebäude, dem vor ein paar Jahren zum Glück wieder ein neues Dach aufgesetzt wurde. Daneben der Burggasthof Pürnstein.

Auch hier hat sich das Bild geändert. Man hat dazugebaut, bemerkt man jetzt. Sehr dezent in Holz und in Glas. Wo man früher noch an einer dunklen Wand mit einem kleinen Fenster gesessen war, dort öffnet sich heute ein großartiger Blick auf Burg Pürnstein und über das Mühltal. Die Wirtsstube ist aufgehellt worden, und im Zubau sitzt man in einem modernen, klaren, farblich freundlich abgestimmten Ambiente und wartet auf die Labung. Irgendwo im Hinterkopf hat man ja noch abgespeichert, daß die junge Wirtin manchmal für ihre Freunde groß und gut aufgekocht haben soll, und so sind angesichts der äußerlichen Veränderungen die Erwartungen höchst gespannt.

Und sie werden auch erfüllt. Naturküche ist angesagt im Burggasthof. Brennesselspätzle mit Eierschwammerln zum Beispiel drängen sich auf dem Teller, und die Bierkultur zeigt sich von der besten Seite. Eine ganze Reihe hervorragender österreichischer Gebräue stehen auf der Karte. Manche, gewissermaßen die Exoten, werden in der Flasche serviert, andere rinnen aus dem Zapfhahn. Dazu wird auch mit Bier gekocht. Eine Bierleber zum Beispiel weiß am seligen Tag der Neuentdeckung zu entzücken. Lammspezialitäten in dezenter Zubereitung und ausgezeichneter Qualität stehen ein andermal auf der Karte, und immer finden sich auch für die Freunde fleischloser Genüsse Anhaltspunkte auf der Karte. Und dazu Süßspeisen vom Feinsten. Parfaits mit Honig oder mit Kürbiskernen machen neugierig und enttäuschen nicht.

Aus Niederösterreich stammen die Weine. Keine großen Gewächse, keine glamourösen Namen, aber durchwegs gute Qualitäten bis hinauf in den Smaragdbereich (Spätlese). Hier hat sich einiges bewegt. Hier ist man mit Ambition am Werk, und ein Abstecher nach Pürnstein kann nur wärmstens empfohlen werden.

Idealerweise nähert man sich dem Ort der kulinarischen Erfüllung allerdings von der romantischen Seite und wählt die Route entlang des Neufeldener Stausees. Hier trifft der Hobby-Botaniker noch auf Bestände der gelben Schwertlilien, und im Hochsommer blüht der zu Beginn des Jahrhunderts aus Nordamerika eingeschleppte Sonnenhut mannshoch in der Uferniederung. In den Spalten der Steinmauern entlang der Straße entdeckt man bei genauerem Hinsehen mit ein wenig Glück auch noch einzelne Exemplare der Glattnatter (Coronella austriaca), einer streng geschützten, in ihrem Aussehen entfernt der Kreuzotter ähnelnden, vollkommen harmlosen Natternart.

Unmittelbar bevor dann nach einer scharfen Flußbiegung Burg Pürnstein sichtbar wird, begegnet man einem anderen Zeugnis der Industriegeschichte unseres Landes: einer gründerzeitlichen Pappefabrik mit ihren Wehranlagen und der Qualität eines industriellen Baudenkmals.

Zum Verdauungsspaziergang bietet sich eine Burgbesichtigung an, die allerdings zweckmäßigerweise vorher über die Wirtsleute vereinbart werden sollte.

Info Preise: 80,– bis 140,– • kinderfreundlich • Gastgarten • Freizeitangebot: Burgbesichtigung.

48

Schmankerl

Pregarten

4320 Pregarten, Bindergasse 1, Tel.: 07236/6469, Öffnungszeiten: 10.00–24.00 Uhr, Mittwoch Ruhetag

Junges, ambitioniertes Speiselokal, in dem sich hervorragende Küche und unkomplizierter Dorfwirtshauscharakter zu einer angenehmen Überraschung vereinen.

Von außen besehen ist es ein ganz normales Wirtshaus, an dessen Theke sich die Stammgäste den Tratsch des Tages erzählen. Die Einrichtung ist nicht außergewöhnlich, eine gemütliche Wirtsstube halt, aber irgendwas ist ein bisserl anders, als man es sich erwarten würde.

Man sucht sich einen Platz, am besten in der gemütlich getäfelten Ecke im hintersten Teil der Stube, und dann kommt auch schon die Überraschung schwarz auf weiß mit der Speisekarte daher. Der erstaunte Gast liest da von Carpaccio vom Huftstück, von Räucherforelle auf Lauchrahm oder von hausgemachten Ravioli. Von Entenbrust und von Tournedos, von Zander und von Lammrücken. Sogar mit einem achtgängigen Menü zu einem überraschend moderaten Preis kann sich ein neugieriger Schlemmer überraschen lassen.

Hier geht es ums Essen und nicht um Firlefanz. Das wird einem spätesten jetzt klar. Und noch klarer wird es, wenn dann die Leckereien auf dem Tisch stehen. Alles vom Feinsten. Ausnahmslos. Zubereitet in einer Qualität, wie man sie sich in einem Haubenlokal nicht besser erwarten könnte. Frisch und zart das Fleisch. Die Zutaten penibel auf den Punkt gegart, die Saucen ein Genuß für sich. Die Bedienung prompt und freundlich.

Das Geheimnis lüftet sich erst beim Nachfragen. Wenn man erfährt, daß hier ein Pärchen kocht und serviert, das gemeinsam in den feinsten Häusern in Tirol, in der Schweiz und auf Guernsey gekocht hat und das jetzt für sich die Chance gesehen hat, hier in Pregarten eine eigene, unabhängige Existenz zu gründen. Und die Voraussetzungen dafür sind, zumindest was die Küche betrifft, nicht die schlechtesten.

Was vor allem besticht, das sind die in dieser Gegend vollkommen unvermuteten, höchst geschmackvoll und gekonnt zusammengestellten Kombinationen. Wo ißt man zum Beispiel das übliche Räucherforellenfilet auf einer warmen, hervorragend abgeschmeckten Sauce aus Lauch, Rahm und Erdäpfelwürferln? Wo präsentieren sich in dieser Gegend sonst hausgemachte Ricottaravioli nicht nur in hervorragender Konsistenz und gerade mit dem richtigen Quentchen brauner Butter übergossen? Welches Wirtshaus im Umkreis von 20 Kilometern kann mit einer solchen Preiselbeer-Sherry-Sauce zur Entenbrust aufwarten, ganz zu schweigen von Rosinenwaffeln mit Ahornsirup, die nicht nur ein Geschmackserlebnis für sich, sondern auch einen Ausflug in die Erinnerungen der eigenen Kindheit darstellen.

Die Weine, die zu diesen Speisen kredenzt werden, protzen nicht mit großen Namen und sind auch nicht unter die großen Kreszenzen unseres Landes einzureihen. Mit einigem Gespür und Sachverstand sollte es einem Interessierten aber ohne Probleme gelingen, sehr anständige Tröpfchen zu den ausgewählten Speisen zu finden. Abgesehen davon ist man hier ganz offenkundig recht ambitioniert auf dem Weg, die Weinauswahl zu verbessern und zu vergrößern.

Für jene, die die ältere Geschichte der Region erkunden möchten, liegen die mittelalterlichen Baudenkmäler des unteren Mühlviertels recht nahe. Allen voran die Wenzelskirche, eine Wehrkirche in Wartberg an der Aist. Schloß Weinberg und der Kefermarkter Flügelaltar befinden sich ebenfalls in greifbarer Nähe. Und für jene, die mit Bits und Bytes umzugehen pflegen, ist Schloß Hagenberg mit seinen Computer-Forschungsinstituten ebenfalls nur einen Katzensprung entfernt. Wanderer und Naturliebhaber finden im Gusental und im Aisttal noch unberührte Wege, auf denen sie die aufgenommen Kalorien wieder in Bewegung umsetzen können.

Info Preise: 75,– bis 170,– • kleiner Gastgarten • Erreichbarkeit: Nähe Bezirksgericht. ÖBB oder Bundesbus bis Pregarten (ca. 1/2 Std. Fußmarsch).

49 Restaurant Schwedenstuben

LINZ

4040 Linz, Leonfeldnerstraße 250, Tel.: 0732/251146, Öffnungszeiten: 10.00–23.00 Uhr, Montag Ruhetag

Aufstrebendes Speiselokal mit Ambitionen in Richtung gehobener Küche. Preiswerte, hochqualitative Gerichte mit leichtem internationalem Touch.

Wie sehr man sich täuschen kann, wenn man vom äußeren Erscheinungsbild auf die inneren Werte schließt, das bekommt man eindrucksvoll am Beispiel der Schwedenstuben an der Leonfeldnerstraße knapp vor dem Anstieg zum Haselgraben vor Augen geführt. Aus den gesichtslosen 70er Jahren stammt das unscheinbare Haus, die Einfahrt ist leicht zu übersehen, und knapp vor den Fenstern dröhnt der Verkehr vorbei. Und auch die Inneneinrichtung verspricht nicht gerade Außergewöhnliches. Alles Mankos, die auf den ersten Blick nicht gerade ermutigend auf einen Gast wirken, der kulinarische Erlebnisse zu finden hofft. Und trotzdem wird er nicht enttäuscht.

In der Küche nämlich schwingen zwei Jungköche den Kochlöffel, deren Ausbildung und kulinarische Abstammung vom Feinsten sind. Das Wiener Nobel-Restaurant „Steirereck", in dem von Hochfinanz über Regierungsmitglieder abwärts alle Feinspitze ihre Gaumenfreuden erleben, ist Kinderstube jener Speisen, die hier auf den Tisch kommen.

Frische und kompromißlose Qualität sind die Kriterien, nach denen hier gekocht wird. Das Fleisch vom Feinsten, die Zubereitungsart exquisit, die Portionen für diese Kategorie reichlich und die Zusammenstellung kreativ. Ob Rind oder Schwein, ob Lamm, Huhn oder Fisch oder eine der gustiösen Nachspeisen, es lohnt sich, hier aus dem vollen zu schöpfen. Die Preise, zu denen die Gerichte auf den Tisch kommen, lassen nämlich höchste Genüsse ohne Reue beim Griff nach dem Geldbörsl zu.

Daß man hier natürlich nicht bis zur letzten Konsequenz nach Wiener Maßstäben kochen kann, versteht sich von selbst, schließlich ist der gesamte Betrieb in seiner jetzigen personellen Zusammensetzung noch nicht einmal ein Jahr alt. Die Küchenlinie, so verspricht man, soll jedenfalls beibehalten und sogar ausgebaut werden. Gerade bei der Palette der angebotenen Weine würde sich ein zusätzliches Engagement sicherlich sehr positiv auswirken. Ebenso bei der Gestaltung der Tische.

Die Bedienung ist engagiert und, obwohl

unterbesetzt, recht flink und freundlich. Hier wird man, wenn das ambitionierte Konzept des jungen Teams aufgeht, sicherlich noch einige Überraschungen erleben können.

LAMMKOTELETTS MIT STEINPILZ-KRÄUTERKRUSTE

Zutaten:
(für 6 Personen)
6 Lammkoteletts
ca. ½ l kräftige Fleischbrühe
Salz und gemahlener Pfeffer
1 Bouquet garni
90 g zerlassene Butter
125 g feingehackte Steinpilze
1 TL frisch gepreßter Zitronensaft
3 EL feingehackte Petersilie
1 feingehackte Schalotte
2 hartgekochte und gehackte Eier
3 EL Obers
90 g Weißbrotbrösel

Zubereitung:
Die Koteletts in einen Topf legen und knapp mit der Fleischbrühe bedecken, leicht salzen und das Bouquet garni hinzufügen. Zugedeckt bei mittlerer Hitze ca. 15 Minuten garen, bis das Fleisch weich ist. Die Koteletts sodann aus der Fleischbrühe nehmen, das Bouquet garni entfernen, die Fleischbrühe zu sirupartiger Konsistenz bei mittlerer Hitze einkochen und anschließend die Koteletts darin wenden.
In eine Bratpfanne 30 g zerlassene Butter geben, Steinpilze, Zitronensaft, etwas Salz und eine gute Prise Pfeffer hinzufügen. 8 Minuten garen, bis die Flüssigkeit der Steinpilze verdampft ist. Mit Schalotte, Petersilie, Eiern und Obers vermengen. Die Koteletts mit der Steinpilz-Mischung bestreichen, in die restliche zerlassene Butter tauchen und in den Weißbrotbröseln wenden. Im vorgeheizten Backofen bei 240 Grad 15 Minuten überbacken. Auf vorgewärmten Tellern mit der Beilage heiß servieren.

Beilage: Zucchini-Paprikagemüse und Erdäpfelkrapferln

Info Preise: 75,– bis 180,– • kinderfreundlich • Gastgarten • Erreichbarkeit: ESG-Linie 38, Haltestelle Winklerbrücke.

50 STEFANS STUBM

LINZ

4020 Linz, Garnisonstraße 30, Tel./Fax: 0732/604080, Öffnungszeiten: 11.00–23.00 Uhr, Samstag, Sonntag Ruhetag

Engagiertes, gutbürgerliches Wirtshaus mit Hang zur kreativen Küche, schattiger Gastgarten. Schauplatz zahlreicher Kultur- und Unterhaltungsaktivitäten.

Er selbst, der Wirt Stefan Freilinger, ist mit seinen gerade 24 Jahren ein Jüngling, das Wirtshaus selbst stammt aus den 20er Jahren und damit aus einer Zeit, in der die Gegend rund um die Garnisonstraße und die Prinz-Eugen-Straße in Linz noch flaches Land und Exerzierplatz für die Soldaten der Prinz-Eugen-Kaserne war.

Mit der Ausdehnung der Stadt während des Krieges und danach änderte sich auch die Sozialstruktur der Umgebung, und das ehemalige Soldatenwirtshaus „Seisl" mit seinem Kastaniengarten wurde zunehmend zum innerstädtischen sonntäglichen Ausflugsziel für kleinbürgerliche Familien, bis es in den 70er und 80er Jahren zur wenig ruhmreichen Biertankstelle für die Insassen eines in der Nähe angesiedelten Delogiertenlagers verkam und wie dieses schlußendlich aufhörte zu existieren.

Vor gut zwei Jahren schließlich stürzte sich Stefan Freilinger, ein frischgebackener Abgänger des Bad Leonfeldener Fremdenverkehrskollegs, ins Abenteuer Wirtschaft und sperrte unter dem Namen „Stefans Stubm" das ehemalige „Seisl" wieder auf. Nicht ohne das Innere freundlich zu adaptieren. Eine Kombination von hellem und blau gebeiztem Holz verleiht dem gesamten Raum eine unbeschwerte Atmosphäre, und ein altmodischer Holzofen mitten in der Gaststube sorgt nicht nur optisch für heimelige Wärme.

Auf kulinarischer Seite besticht das Wirtshaus durch seine täglich wechselnden Mittagsmenüs zu moderaten Preisen, durch seine frischen Kreationen wie zum Beispiel Sauerampfersuppe mit Ziegentopfennockerln oder Schafkasstrudel und durch eine Vielzahl von Aktionen, vom sommerlichen Grillen im Gastgarten bis hin zu Buffets und Menüs anläßlich von Jazz-Konzerten und Ausstellungen im Lokal oder zum urigen Frühschoppen mit Blasmusik im Garten. Ein junger Wirt mit Ambition, der dem Gast das Gefühl erspart, er wäre nur hier, um am Schluß zu zahlen.

Auch die Getränkekultur kann sich in „Stefans Stubm" sehen lassen. Da ist einmal das Bier, eine Sondercharge einer jungen Brauerei, die hier in irdenen Krügen – wo, bitte, findet man das noch! – ausge-

schenkt und auch verkocht wird. Mit seinem Bierfleisch hat Stefan Freilinger nämlich einen Bestseller kreiert.
Kultiviertheit auch beim Wein. Hauptsächlich österreichische Gewächse werden angeboten, und der junge Wirt hat es sich zur sicherlich nicht umsatzhemmenden Angewohnheit gemacht, die angebrochene Bouteille jener Weine, die auch glasweise ausgeschenkt werden, in einem stilvollen Weinkühler aus Terracotta auf dem Tisch stehen zu lassen. Man schenkt nach, soviel man will, und rechnet nach dem in der Flasche verbliebenen Rest ab.

Obwohl sich seit den Zeiten der vorstädtisch-ländlichen Idylle dieser Gegend sehr viel geändert hat – schließlich liegt das Wirtshaus heute am Eingang sowohl zum Linzer Industrie- und Hafenviertel als auch zum mondänen Kultur- und Finanzviertel rund um das Design-Center – ist der Gastgarten von „Stefans Stubm" hinter hohen Buchenhecken in der verkehrsumtosten Hektik heute noch immer eine Insel, auf der man aus dem Alltagsgetriebe aussteigen, abschalten und in Ruhe den leiblichen Genüssen frönen kann.

Info Preise: 55,– bis 150,– • Gastgarten • Erreichbarkeit: ESG-Linien 17, 19/22, 23, 45 bis Haltestelle Design-Center.

51

ALTE WELT

LINZ

4020 Linz, Hauptplatz 4, Tel.: 0732/770053, Öffnungszeiten: 17.00–2.00 Uhr, Sonn- und Feiertag Ruhetag

Kulturwirtshaus in historischen Gewölben am Linzer Hauptplatz. Multikulturell beeinflußte, junge Küche. Zahlreiche Kulturveranstaltungen.

Es ist ein eigenartiges Wirtshaus, das Kulturwirtshaus „Alte Welt", das „Erich" Ernst Pello hier allen Widrigkeiten zum Trotz mit großem Engagement führt. Ein Café, ein Wirtshaus und einen Kultur-Weinkeller, vielleicht auch umgekehrt einen Weinkulturkeller, bewirtschaftet er hier in einem uralten, verwinkelten Haus am Linzer Hauptplatz. Und dabei versucht er immer, den Spagat zwischen exklusiver Küche und sozialem, nachhaltigem und umweltbewußtem Handeln durchzustehen. Vom Kaffee von Produktionskooperativen bis zu bäuerlichen Produkten und einer Speisekarte, auf der sich oberösterreichische Grundstoffe bis in höchste Exklusivität verfeinert vorfinden, hat Erich Pello alles zu bieten. Und er scheut auch Ausflüge in fremde Kulturen nicht. Immer wieder bringen einige seiner Küchenangestellten, die aus allen Erdteilen stammen bzw. dort gekocht haben, neuen, multikulturellen Wind im bestmöglichen Sinn in die feine Küche.

Dabei ist sein Leben als Besitzer, wenn auch nicht Eigentümer, dieser besteingeführten Wirtschaft alles andere als abgesichert. Als unkonventioneller, mitunter etwas chaotischer und mit viel sozialem und kulturellem Engagement ausgestatteter Wirtschafter sieht er sich immer wieder mit breiten Mißverständnissen konfrontiert.

Die „Alte Welt" ist allerdings aus dem Linzer Kultur- und Gastronomieleben kaum mehr wegzudenken. Zu sehr schon haben sich hier Österreichs Paradekabarettisten von Josef Hader bis Karl Ferdinand Kratzl eine Probebühne geschaffen, auf der sie im kleinen, intimen Rahmen im Laufe mehrerer Kabarettnächte ihre neuen Kleinkunstprogramme als Rohfassungen vor Publikum ausprobieren und den Gegebenheiten der Bühnenwirklichkeit anpassen. Für das Publikum natürlich eine Gelegenheit, seine Stars hautnah und viel menschlicher als auf den großen Kleinkunstbühnen zu erleben.

Daneben haben hier mehrere Kulturvereine, die engagiertes Theater und Literatur und Musik auf ihre Fahnen geschrieben haben, eine Präsentationsmöglichkeit gefunden.

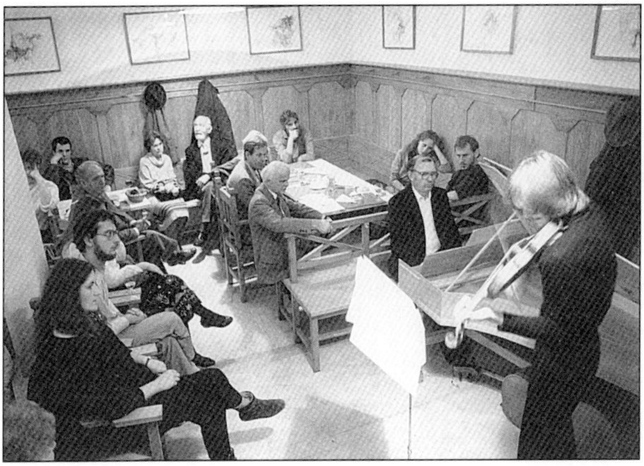

All das spielt sich fast täglich im Kultur-Weinkeller ab. Und dort findet, wenn keine Kulturveranstaltungen auf dem Programm stehen, auch die Weinkultur statt. Gewächse bekannter österreichischer Winzer können hier mit den Produkten noch weniger bekannter Geheimtips verglichen werden. Die Speisekarte aus dem oberen Stock liefert auch für ausgedehntere Verkostungen eine solide Unterlage.

An schönen Tagen kann man in der „Alten Welt" auch unter freiem Himmel speisen. Den Innenhof teilt sich das Lokal dabei mit einem Chinesen, und ein Türke bietet im Durchgang zur „Alten Welt" die besten Döner-Kebaps von Linz feil.

Info Preise: 70,– bis 150,– • Gastgarten • Erreichbarkeit: ESG-Linie 1 und 3 (Haltestelle Hauptplatz).

52 Kino-Café Cinematograph

Linz

4010 Linz, Obere Donaulände 51, Tel.: 0732/785603, Öffnungszeiten: 15.00–23.00 Uhr, Sonntag und Montag Ruhetag

Nostalgisches Kino-Café in einem kleinen barocken Haus an der Donau. Kleine Imbißkarte. Historische Filme.

So wie der Name altmodisch ist, so ist es auch das Kaffeehaus, das hier an der Oberen Donaulände in Linz in einem barocken Häuschen betrieben wird. Getrennt in eine Raucher- und eine Nichtraucher-Abteilung, sitzt man hier gewissermaßen in einem Kino-Buffet historischen Zuschnitts. In seiner Hauptfunktion nämlich ist der Cinematograph ein winziges Kino, das sich auf historische Filme spezialisiert hat. Von den Stummfilmklassikern bis zu den letzten Filmen mit Romy Schneider spannt sich der Bogen.

„Wie ein Schwarzbrot ohne Butter, wie ein Kindchen ohne Mutter, wie ein Wasser ohne Leitung, ist ein Kaffehaus ohne Zeitung." Dieses Sprücherl, das in einem der Gasträume hängt, steckt schon die Rahmenbedingungen, die Grundstimmung und die Zielsetzungen des Lokals ab. Hier findet der Besucher ein Kaffeehaus vor, das sich nicht so sehr den Prunk des klassischen Wiener Kaffeehauses auf seine Fahnen geschrieben hat, sondern das es sich zum Ziel gesetzt hat, in Polgarscher und Altenbergscher Manier diese vier Wände zum erweiterten Wohnzimmer zu machen. Alle in Österreich verfügbaren Qualitätszeitungen liegen hier auf, ein Schachtisch lädt zu einer entspannten Partie und eine ganze Latte filmspezifischer Nachschlagewerke animiert zu tieferer Auseinandersetzung mit dem Medium.

Die Einrichtung ist gediegen und kaffeehaustypisch. Die Bugholzsessel und Marmortischchen stammen aus alten Linzer Kaffeehäusern. Ebenso die Menage auf den Tischen. Etliche Sorten Kaffee in den unterschiedlichsten Zubereitungen werden hier angeboten, und eine ebensolche Auswahl herrscht bei den Teesorten. Serviert wird alles auf Silbertabletts mit dem typischen Wasserglas, das regelmäßig ausgewechselt wird. Und wer einen Earl Grey oder einen Orange Pekoe bestellt, auf dessen Tablett schlichten sich dann neben der Tasse ein silbernes Kännchen mit heißem Wasser, ein Teesieb, ein Zuckertatzerl und ein Kännchen mit warmer Milch. Eine Teezeremonie, die der in den feinsten englischen Salons um nichts nachsteht, wird damit ermöglicht.

Wie in jedem anderen Kaffeehaus dieses Typs kann man hier auch Kleinigkeiten zu sich nehmen. Ham and Eggs, wie es die Queen persönlich nicht g´schmackiger ans königliche Bett serviert bekommen kann, eine Eierspeis oder ein simples Butterbrot mit Schnittlauch. Darüber hinaus ein Mandelpudding (gekocht) und immer eine kleine, feine Auswahl an hausgemachten Kuchen.

Das Ensemble atmet ebenso die historische Stimmung wie das Geschirr, auf dem serviert wird. Alles ist in warmen Brauntönen gehalten, die Wandschoner an den einfach gekalkten Wänden sind burgunderrot, und überall knarrt der Holzfußboden ein wenig.

In dieser Atmosphäre kann man nicht nur die Zeit bis zur nächsten Filmvorführung überbrücken, sondern wenn einem danach zumute ist, durchaus einen ganzen Nachmittag und einen Abend bei einer Tasse Kaffee verbringen, ohne zu weiterer Konsumation animiert zu werden. Das Wasserglas aber wird alle Stunden unaufdringlich ausgewechselt. So wie sich´s gehört.

Info Preise: 35,– bis 70,– • Gastgarten • Erreichbarkeit: ESG-Linie 19/22, Haltestelle Roter Krebs oder ESG-Linien 1 und 3, Haltestelle Hauptplatz • Freizeitangebot: Kino.

53 Restaurant Bar Gelbes Krokodil

Linz

4020 Linz, Dametzstraße 30, Tel.: 0732/784178, Öffnungszeiten: 11.00–2.00 Uhr, kein Ruhetag

Zeitgemäßes Multifunktions-Wirtshaus in zentraler Lage. Österreich-bezogene Naturküche mit leichten multikulturellen Anklängen. Kulturtreff.

Es gibt in Linz wirklich nicht viele Plätze, an denen sich Kunst, Kultur, Stil und Lebensfreude so gelungen mischen wie im „Gelben Krokodil" an der Linzer Dametzstraße.

Für Kunst und Kultur sorgt hier das „Offene Kulturhaus", eine Einrichtung, in der künstlerisch in die Zukunft gedacht wird. Und das äußert sich laufend in interessanten Kulturprojekten. Architektur, Performancekunst, raumbezogene Gruppenausstellungen und Medieninstallationen wechseln einander hier ab. Durch denselben Eingang wie das „Gelbe Krokodil" erreicht man auch das Moviemento. Eine Pilgerstätte für Cineasten. Das einzige permanente und auch anspruchsvollste Programmkino der Stadt. Das „Gelbe Krokodil" ist gewissermaßen sein Vorzimmer. Gestaltet ebenfalls von drei Kulturträgern: Brandmayr/Fürst/Pepi Maier haben hier ein stilvoll-gefälliges Ambiente zwischen postmoderner Verspieltheit und klassischer Sachlichkeit geschaffen. Besondere Beliebtheit erfährt dabei das sogenannte „öffentliche Wohnzimmer", eine teilweise abgetrennte Nische im Lokal mit einer langen, gepolsterten Sitzbank und kleinen Kaffeehaustischen. Vom Café über die Bar bis zum Speiselokal, all diese Aufgaben erfüllt das „Gelbe Krokodil". Und es verfügt dazu noch über einen – obwohl an einer Durchzugsstraße gelegen – ruhigen Gastgarten, der nach cineastischem Hochgenuß auch noch das Kulinarisch-Sinnliche nicht zu kurz kommen läßt.

Gekocht wird hier auf ambitionierte Art. Rohprodukte der Heimat werden auf pfiffige Weise und mitunter multikulturell angehaucht verarbeitet. Wunderbarer Ziegenkäse findet sich hier im Sommer, feine Geflügelsalate, zartes Fleisch, bei dem auf artgerechte Tierhaltung geachtet wird. Und auch für Vegetarier ist hier der Tisch immer reich gedeckt. So verlockend sogar, daß sich so mancher Fleischtiger einen Abstecher in die vergetarische Abteilung genehmigt. Dabei wirken die Gerichte nie hausbacken oder betulich, sondern werden recht hohen Standards gerecht.

Auch bei der Weinkarte zeigt sich das „Gelbe Krokodil" stilvoll und beschlagen.

Zwar wird man die schicken Namen der Winzerprominenz vergeblich suchen, doch kann man allen angebotenen Gewächsen als verläßliche Begleiter zu den Speisen trauen.
Noch ein Detail, das liebenswert ist hier im „Gelben Krokodil“: das griechische Brot, an dem alleine man sich schon satt essen könnte.
Neben dem allgegenwärtigen Kulturangebot glänzt das „Gelbe Krokodil“ vor allem durch den Vorzug, daß man das Davor, das Danach und das hauptsächliche Dazwischen in ein und demselben Lokal absolvieren kann. Den Aperitiv an der Bar – zum Beispiel vor einem anregenden Film – zu genießen, das Essen im Gastgarten einzunehmen und danach noch einen Capuccino oder Espresso im öffentlichen Wohnzimmer bei angeregten Diskussionen zu genießen – es gibt schlechtere Möglichkeiten, einen Abend zu verbringen.

SESAMPANIERTER ZIEGENKÄSE

Zutaten:
(für 4 Personen)
40 dag halbfester Ziegenkäse
5 dag Mehl
2 Eier
2 EL Milch
15 dag Sesam, geschält
5 dag Semmelbrösel
1/8 l Pflanzenöl
25 dag Grünkern, mittelgrob geschrotet
ca. 400 ml Gemüsebouillon
3 EL Kürbiskernöl
40 dag Zucchini
5 dag Butter
Salz, Pfeffer, Knoblauch

Zubereitung:
Grünkern schroten und in kochende, bereits gewürzte Gemüsebouillon einrühren. 3 Min. leicht kochen lassen und 1 bis 2 Mal umrühren, dann Kürbiskernöl einrühren, Topf vom Feuer nehmen und 20 Min. zugedeckt quellen lassen.
Scheiben (ca. 1 cm dick) vom halbfesten Mühlviertler Ziegenkäse in Mehl, dann Ei (mit Milch versprudelt) und anschließend in Sesam (mit Semmelbröseln vermischt) panieren. Bei mittlerer Hitze in Pflanzenöl beidseitig backen.
Zucchini grob raffeln, mit Salz, Pfeffer und Knoblauch würzen und in nicht zu heißer Butter in der Pfanne 2–3 Min. schwenken.

Abbildung: siehe Bild im Farbteil

Info Preise: 65,– bis 130,– • Gastgarten • Freizeitangebot: Kino, Offenes Kulturhaus • Erreichbarkeit: Stadtzentrum Linz; ESG-Linien 1 oder 3 (Haltestelle Mozartkreuzung oder Taubenmarkt).

51 GASTHOF GRÜNER BAUM

OTTENSHEIM

4100 Ottensheim, Marktplatz 25, Tel.: 07234/2510, Öffnungszeiten: 10.00–14.00 und 17.00–24.00 Uhr, Samstag, Sonntag Ruhetag

Lauschiges Gasthaus am Ottensheimer Marktplatz mit junger Küche, die sich an den Produkten der Region orientiert.

War es früher der legendäre „Eidlhuber" direkt an der Donau, der ausgesuchten Genuß mit einer ansprechenden Aussicht auf die Donau und das gegenüberliegende Stift Wilhering bot, so ist heute der „Grüne Baum" am Ottensheimer Marktplatz sicherlich das Haus der Wahl, das man in diesem Ort nicht links liegen lassen sollte und das auch so manchen Umweg rechtfertigt. Zwar kann das Lokal keinen Blick auf die Donau offerieren, dafür aber entschädigt es durch vielerlei andere Genüsse. Einer davon ist im Sommer sicherlich der aparte, winzige Schanigarten auf dem Gehsteig vor dem Haus, der den Gast am Leben in der Gemeinde aus seiner diskreten Beobachterposition heraus anteilnehmen läßt. Und das im Angesicht der hübschen Pfarrkirche.

Am Inneren mit seiner schlichten, sachlichen Einrichtung erkennt man sofort, daß man hier in kein Allerweltswirtshaus eingekehrt ist.

Schon am Eingang erwarten den Gast zahlreiche Kulturzeitschriften, Plakate, Programmankündigungen und Prospekte hauptsächlich künstlerisch-kultureller Natur. Die eigentliche Wirtsstube ist ein längsgestrecktes Gewölbe, zweigeteilt durch eine Schank, mit Plätzen eher öffentlichen Charakters im vorderen Teil, eher diskreterer Sitzanordnung im hinteren Teil. Die Ausstattung ist schlicht und eine gelungene Kombination sachlich-strenger Bauelemente mit der Heimeligkeit und architektonischen Verspieltheit des Gewölbes.

Gegessen und gekocht wird hier gemäß den vier Jahreszeiten. Das verrät die wohltuend kleine Karte schon von außen. Essen im Frühjahr, Sommer, Herbst oder Winter, liest man auf dem Umschlag. Je nach Jahreszeit verbirgt sich darin dann eine Auswahl an regionalen Köstlichkeiten, die mit einem Hauch Lifestyle und einem Pfiff Exotik eine wunderbare Mischung eingehen. In Sesam panierte Hühnerbrüstchen sind eine dieser Kombinationen, ein wahres Geschmackserlebnis. Obendrein spricht das Bedürfnis nach natürlicher und vollwertiger Speisenzubereitung hier bei passenden Gelegenheiten ein gewichtiges Wort in der Küche mit.

Hochgehalten werden aber auch fein variierte Köstlichkeiten typisch oberösterreichischer Prägung. Marinierte Semmelknödel (Semmelknödelsalat), vorzügliche Kraut- oder Blunzenstrudel, Speck-Krautschifferln oder gebratene Kasknöderln lassen hier oberösterreichischen Lokalpatriotismus auf dieser kulinarischen Welle ganz oben surfen. Angenehme Bouteillenweine, sehr umsichtig ausgewählt und zum Teil auch glasweise angeboten, runden das Angebot ab.

Trotz seiner äußerlichen Winzigkeit hat dieses efeubewachsene Haus allerdings im ersten Stock große Räumlichkeiten zu bieten. Zwei Säle mit Sitzplätzen für etwa 40 bzw. 80 Personen empfehlen das Haus auch für größere Anlässe, die in Form von Kulturveranstaltungen hier immer wieder über die Bühne gehen.

Das Umfeld bietet nicht nur prächtige Wildbademöglichkeiten entlang der Rodl in Höflein, sondern auch ausgedehnte Wanderungen nach Grammastetten und für weniger Bergerprobte an der Donau entlang bis nach Aschach. Kulturbeflissene Romantiker gönnen sich den Luxus einer Überfahrt mit Oberösterreichs einziger Rollfähre nach Wilhering und genießen dort den Prunk des Rokokojuwels der Zisterzienserabtei Wilhering.

Info Preise: 60,– bis 140,– • kinderfreundlich • Gastgarten • Erreichbarkeit: ÖBB-Mühlkreisbahn bis Ottensheim.

55 Café-Restaurant Kontrast

Linz

4020 Linz, Südtirolerstraße 31, Tel.: 0732/668137, Öffnungszeiten: 10.00–15.00 Uhr, Samstag und Sonntag Ruhetag

Café-Restaurant mit preiswertem, kreativem Mittagstisch, das als Sozialprojekt geführt wird.

Früher befand sich hier ein Auslieferungslager eines Elektrogroßhandels. Noch früher der alte Milchhof. Wo sich damals Schachteln stapelten, dort stehen heute Oleander, und an den Wänden ranken sich Schlingpflanzen empor. Die Bürotrakte wurden architektonisch reizvoll adaptiert. Wo früher Streß und Hektik herrschten, dort bemüht man sich heute um lebenswerte Lebensgestaltung.
Hier residiert nämlich unter dem Namen „Kontrast“ eine Abteilung des Vereins Pro Mente Infirmis. Eine der Vorgaben für dieses Zentrum war anläßlich seiner Gründung auch, den Klienten der Betreuungsstelle die Möglichkeit zur sinnvollen Strukturierung ihres Alltags anzubieten, und so ist hier ein kleines Restaurant entstanden.
An Wochentagen um die Mittagszeit wird hier jeweils ein Tagesmenü serviert, daneben kann man aus einer häufig wechselnden Karte wählen, alles durchwegs kreativ und mit einem Hauch Zeitgeist zusammengestellt und zu moderaten Preisen angeboten. Vom Hühnchenspieß bis zu Mohnnudeln findet sich alles, was einfach herzustellen, g´schmackig ist und den Erfordernissen einer ausgewogenen Ernährung entspricht. Die Lokalität ist ansprechend gestaltet, die Getränke sind in bester Ordnung, und im Sommer bietet sich der Innenhof ideal als sonniger Gastgarten für eine entspannte Mittagsstunde an.
Wer also beim Stillen seines mittäglichen Wochentagshungers auch sozial wirksam werden möchte, dem sei das „Kontrast“ ans Herz gelegt.

Info Preise: 60,– bis 80,– • kinderfreundlich • Gastgarten • Erreichbarkeit: ESG-Linien 1 oder 3 (Haltestelle Goethekreuzung oder Blumau).

56

GÖSSERBRÄU

WELS

4600 Wels, Kaiser-Josef-Platz 27, Tel.: 07242/47009, Öffnungszeiten: 9.00–24.00 Uhr, kein Ruhetag

Traditioneller Biergasthof in zentraler Lage mit wunderschönem Gastgarten. Mit Bier harmonierende Schmankerlküche.

Ein Samstagvormittag am Welser Wochenmarkt, dazu schönes Wetter und die Aussicht auf ein genußreiches Wochenende, das sind Erlebnisse, die man möglichst ausdehnen sollte. Warum nicht mit einem Gabelfrühstück in einem wunderschönen Welser Biergarten?

Das „Gösserbräu" zählt zu den guten, alteingesessenen Wirtshäusern am Platz. In diesem Fall am KJ, dem Kaiser-Josef-Platz, und verfügt über einen malerischen, mit Kastanien bestandenen, efeuumrankten und mit Oleandern geschmückten Gastgarten, der ein spätvormittägliches Frühstück zu einem erfreulichen Erlebnis macht.

Rund 300 Personen finden in diesem Gastgarten Platz. Das Gemurmel der Gäste, das Klingen der Bierkrüge, das Tschilpen der Spatzen, die Schritte am Kies und der gedämpfte Lärm der Stadt sorgen im malerischen Hof für eine anregende Klangkulisse, die den Durst auf das vorzügliche Bier steigert. In den großen, runden Krügen kommt das Bier an den Tisch. Und zwar nicht nur als das kühle Blonde, sondern ebenso als Mischbier (1:1 hell:dunkel) oder als empfehlenswertes Dunkles vom Faß. Dazu gereicht wird frisches Gebäck und eine Auswahl an Biergartenschmankerln. Ein kalter Rindfleischsalat, Weißwürste oder diverse Heurigensalate vom Buffet, ein kleines Gulasch, Beuscherl oder Stelzen sind dabei sehr zu empfehlen. Das Personal ist freundlich und sehr flink, wenn es auch an Tagen mit besonders starkem Andrang vorübergehend zu kleineren Wartezeiten kommen kann, die unter diesen Umständen allerdings entschuldbar und verständlich sind.

Im Inneren zeigt sich das Gasthaus wuchtig und mit dunklem Holz im Stil der städtischen Brauhausdependancen eingerichtet. Was die Küche außerhalb der Gartensaison zu bieten hat, läßt sich mangels Erfahrung meinerseits leider (noch) nicht beurteilen.

Info Preise: 55,– bis 90,– • kinderfreundlich • Gastgarten • Erreichbarkeit: Stadtzentrum Wels.

57 Gerstl Bräu

Wels

4600 Wels, Freiung 9–11, Tel.: 07242/63262, Öffnungszeiten: Werktags von 11.30–14.00 Uhr und 16.00–24.00 Uhr, Samstag, Sonn- und Feiertag 10.00–24.00 Uhr

Große, neue Braugastwirtschaft mit mehreren unterschiedlich gestalteten Lokalitäten. Ausgezeichnetes Bier und solide Biergerichte.

Das erste Argument für die „1.Welser Gasthausbrauerei" ist einmal das Bier: Gerstl-Bräu, im eigenen Hause hergestellt. Ein süffiges Gebräu, dunkel, hefetrüb, malzig, nicht zu scharf gehopft, weich, mit leichten Rösttönen im Abgang und mit einem herrlich weichen Wasser, wie man es sonst nur von Mühlviertler Brauereien gewohnt ist.

Das zweite Argument ist die Tatsache, daß hier jeder sein ihm zusagendes Platzerl findet. Entweder auf Barhockern oder an handfesten Tischen rund um die Schank mit dem gewaltigen, kupfernen Braukessel als zentralem und prägendem Element im Hauptraum, dem sogenannten „Brautreff", oder in einer der Stuben, Brücken oder Gänge, im Sommer im etwas zu klein geratenen Schanigarten oder – und das spricht vor allem junge Leute an – im Pub.

Das dritte Argument ist die Bedienung. Freundlich, flink und hilfsbereit. Und in einem Lokal dieser Größenordnung ist man mitunter anderes gewöhnt.

Das einzige Argument, das geeignet wäre, dagegen zu sprechen, ist die Tatsache, daß man sehr oft vergeblich einen Platz sucht, wenn man nicht reserviert hat. Und leider überfällt einen der Durst oft sehr kurzfristig. Aber damit ist man offenbar nicht alleine. Und wer zuerst kommt, trinkt zuerst, heißt es doch.

Seit etwa einem Jahr existiert dieses Lokal in der neu errichteten und recht chic gestylten „Gortana-Passage", die den Welser Stadtplatz mit der Freyung verbindet, und das Konzept der „1. Welser Gasthausbrauerei" hat eingeschlagen.

Daran hat zwar das Bier sicherlich den größten Anteil, aber auch die Konzeption des Lokals – einerseits als gemütliches Wirtshaus zum herzhaften Schmausen, andererseits als unkomplizierter Treffpunkt für Liebhaber nicht allzu hemdsärmeliger Bierkultur.

Und dann sind da noch die angebotenen Speisen. Hier reicht die Palette von originellen Kleinigkeiten, vorzüglichen Münchner Weißwürsten beispielsweise, die mit Honigsenf und Laugenbrezen serviert werden, über Kasnockerln bis hin zu Bierfleisch, Biergulasch und anderen

Gerichten, bei deren Zubereitung oder Genuß Bier nicht fehlen darf.
Eine kleine, unkomplizierte Sensation allerdings sind die sogenannten heißen Brote. In einer Preiskategorie rund um S 50,– werden dabei ordentliche Schwarzbrotschnitten serviert, die je nach Wunsch mit einem pikanten Aufstrich oder mit Schinken, Wurst oder Eierspeis belegt und mit reichlich Käse überbacken sind. Appetithappen, die eine solide Unterlage für angemessenen Bierkonsum bieten und mehr als eine kulinarische Verlegenheit sind. Allerdings sollte dazugesagt werden, daß sie den Durst keineswegs mindern. Insofern natürlich auch eine raffinierte Maßnahme zur Umsatzsteigerung bei den Getränken.

Eine Anmerkung wert sind auch die Details, mit denen hier bei der Raumgestaltung gespielt wird. Ein riesiger, ausrangierter Bierkühler als Kleiderrechen zum Beispiel, Tischuntergestelle aus verschiedenen Brauereigeräten und als selbstverständliche Draufgabe durchaus auch historisch interessante Firmenschilder und Werbeplakate von Brauereien, deren längst verblichene Namen man nur noch in einem verstaubten Winkel seines Gedächtnisses schlummern weiß.
Daß hier bei aller angebrachten Bierseligkeit auch mit Bedacht beim Aufbau der Infrastruktur vorgegangen wurde, zeigt schließlich auch der Münz-Alkomat, bei dem sich der Zweifler unbestechlich über seine Verkehrstüchtigkeit informieren kann.

Info Preise: 40,– bis 105,– • kleiner Gastgarten • Erreichbarkeit: Stadtzentrum Wels.

58 Gasthof Vitzthum

Uttendorf

5261 Uttendorf 25, Tel.: 07724/2508, Öffnungszeiten: 9.00–22.00 Uhr, kein Ruhetag

Gutbürgerlicher Gasthof der kleinen Privatbrauerei Vitzthum. Hervorragendes Bier, Innviertler Spezialitäten.

Es ist ein eigenartiger Charme, der vom riesigen, spätbarocken Gebäude des Bräugasthofs in Uttendorf ausgeht. Am Ende des Ortsplatzes prägt er nicht nur das Erscheinungsbild des gesamten Gemeindezentrums, sondern auch die Trinkkultur seiner Bewohner. Hier wird in einer privaten Kleinbrauerei eines der besten Biere Oberösterreichs hergestellt: der Uttendorfer Fallstaff. Ein Pils-Bier der Sonderklasse, das bei internationalen Bewertungen immer in den allerersten Rängen aufscheint. Schon allein deshalb lohnt sich ein Besuch.

Das Innere der gewaltigen Gaststube hat nichts Außergewöhnliches zu bieten. Man sitzt auf etwas zu sehr im Stil der 60er-Jahre gestalteten Holzbänken an großen Tischen und betrachtet die zahlreichen Bilder an den Wänden. Die Speisekarte aber hat es in sich. Das Innviertel, wie es leibt und lebt und vor allem wie es genießt, kommt hier zu seiner Entfaltung. Und an der wirken die zahlreichen dienstbaren Geister aus der Familie unter der Oberhoheit der Hausfrau Edeltraud Vitzthum in einer malerischen Küche an einem gewaltigen Holzofen mit. Was auch immer das Innviertel an Knödelspezialitäten zu bieten hat – ob gekocht oder überbacken –, Edles vom Wild, diverse Mehlspeisen oder das legendäre Bratl in der Rein, geraten hier zu bodenständiger Vollendung.

Daneben sind es immer wieder kulinarische Experimente der Küchenchefin, die zu begeistern wissen. Apfelkipferln zum Beispiel, die sie von Zeit zu Zeit auf die Speisekarte setzt. Durchaus einfache Gerichte, die durch ihre Echtheit und unverhohlene Bodenständigkeit bestechen. Und das wissen nicht nur Einheimische zu schätzen. Auch außerhalb der Saison reisen Wiener, Salzburger und sogar Genießer aus dem angrenzenden Bayern an, um sich von der Chefin individuell bekochen zu lassen.

Spielerisch und mit Liebe wird hier gekocht, und das merkt man an der Herzlichkeit, mit der sich die Köchin freut, wenn´s schmeckt.

Das Bier – neben dem Fallstaff-Pils präsentieren sich die beiden anderen Sorten „Märzen" und „Export" nicht minder nobel

– trägt das Seine zu einem typisch innviertlerischen Geschmackserlebnis bei.
Die Umgebung von Uttendorf lädt vor allem zu ausgedehnten Wanderungen im Kobernaußerwald ein. Besonders nett als Ensemble präsentieren sich auch die Orte Mauerkirchen und Mattighofen mit ihren Ortskernen. Die Trumer Seen und Mattsee als malerische Ortschaft in einer märchenhafte Seenlandschaft liegen mit dem Auto nur einen Katzensprung entfernt, und auch das Ibmer Moor ist in zumutbarer Entfernung, sofern man mit dem Auto unterwegs ist. Kunstliebhaber sind im OKA-Kraftwerk Riedersbach an der richtigen Adresse, wo junge bildende Künstler seit Herbst 95 Gelegenheit haben, ihre Metallplastiken im „Stahlpark Riedersbach" permanent auszustellen. Jeden Sommer wird dort übrigens das „Österreichische Stahl-Symposion" veranstaltet, an dem zahlreiche in- und ausländische Künstler teilnehmen. Ein immer willkommener Besuch bei den Künstlern läßt sich bestens mit einem kulinarischen Abstecher nach Uttendorf verbinden, der allerdings angekündigt werden sollte, damit die Wirtin genügend Vorbereitungszeit für ihre Küchenkünste zur Verfügung hat.

Info Preise: 60,– bis 120,– • Gastgarten • Erreichbarkeit: ÖBB bis Helpfau–Uttendorf oder Bundesbus bis Uttendorf.

59 GASTHAUSBRAUEREI SCHLOSS WEINBERG

KEFERMARKT

4292 Kefermarkt, Weinberg 2, Tel.: 07947/7111, Öffnungszeiten: 10.00–24.00 Uhr, Montag Ruhetag

Gasthausbrauerei und Bräustüberl im Gutshof des Schlosses Weinberg. Bier-adäquate Küche.

Man kommt ja hierher zur Bildung oder zum Kulturgenuß. Nach Schloß Weinberg bei Kefermarkt. Den berühmten, von Adalbert Stifter geretteten Kefermarkter Flügelaltar hat man ja schon mehrfach besucht, als aufrechter oberösterreichischer Kulturmensch. Aber jetzt plagt einen schlicht und einfach der Durst. Welche Segnung, daß sich hier im Weinberger Mayrhof eine Taverne angesiedelt hat.

„Erste Weinberger Gasthausbrauerei" ist über dem Eingang zu lesen. Vielversprechend! Die Eingangstür, so erfährt man, stammt aus einem britischen Pub. Nicht unoriginell. Und im ersten Gastraum springt den Neugierigen sofort der kupferne Sudkessel an. Hinter einer Glaswand erblickt man sie dann endlich, die leibhaftigen Zeugen echten Bierbrauens, abgeschottet und in klinisch sauberer Umgebung, die erst so richtigen Appetit macht: die „hohen" und „niederen" Krausen, die aus gekochtem Gerstensud das begehrte Bier entstehen lassen. Rund zwei Kubikmeter fassen sie, die Gärbottiche aus Nirostastahl, und ein Bierliebhaber könnte wohl stundenlang dem stillen Perlen der schaumigen Gebilde zusehen. Aber der Durst ist einfach zu groß.

Hell oder dunkel kommt das Bier dann auf den Tisch zu Weinberg. Naturtrüb ohnehin. Ein Genuß. Das weiche Mühlviertler Wasser macht die Gegend bei allem Respekt für die großen Brautempel des Bundeslandes wohl doch zum prädestinierten Ort, diese Kunst auszuüben.

Und eine andere Kunst sollte man in diesem Zusammenhang nicht unerwähnt lassen. Die Kochkunst mit dem Gerstensaft. Darum dreht sich naturgemäß (fast) alles, was hier auf der Speisekarte steht. Vom Bierbratl über die Bierführersalate bis zum Braumeistergulasch. Alles ist hier geprägt vom Bier. Und das ist gut so.

Vielleicht sollte man erwähnen, daß das Bier vor allem gebratenen Speisen durch das Auskaramelisieren der Malzanteile eine besonders leckere Kruste (Bierbratl) und die typische, malzige Geschmacksnote gibt. Zuhause erreicht man dies durch möglichst spätes Übergießen des Bratens mit etwas Bier. Offenbar bewirken aber auch die Hefe

und die entweichende Kohlensäure eine geschmackliche und vor allem konsistenzmäßige Verfeinerung der Speisen. Vor allem der Kruste.
Aber grau ist alle Theorie. Man sollte sich, wenn man hier sitzt, vor allem der Stimmung widmen. Die alten Gewölbe mit ihren schmiedeeisernen Spangen, die verraten, daß man seinen Sitzplatz vermutlich in einem früheren Rinder- oder Pferdestall eingenommen hat. Die stimmungsvolle Schankeinrichtung mit den messingglänzenden „Zapfsäulen", die gemütlichen Sitzbänke und das Malz auf den Tischen. Zum Knabbern nämlich steht auf jedem Tisch ein Schälchen voll gekeimter Gerste. Doch Vorsicht. Das darin enthaltene Hordenin ist ein Dopingmittel. Aber einen Bierfreund, zu dem man hier zwangsläufig wird, wird das kaum stören.

Info Preise: 90,– bis 195,– • kinderfreundlich • Gastgarten • Erreichbarkeit: ÖBB Summerauerbahn bis Haltestelle Kefermarkt.

60 BRAUGASTHOF ZIPF

ZIPF

4871 Zipf, Tel.: 07682/6451, Öffnungszeiten: 9.00–24.00 Uhr, Samstag 11.00–24.00 Uhr, Freitag Ruhetag

Brauereigasthof mit großem Gastgarten und wöchentlichem Bierfest. Gutbürgerliche Küche.

Wie der Heilige Gral, so muß für die eingefleischtesten unter den Biertrinkern die Brauerei Zipf mit ihren weithin sichtbaren Biertanks wirken, die hoch über den Braugasthof und den angrenzenden riesigen Biergarten ragen. Und es hat ein wenig von einer Wallfahrt an sich, wenn sich jeden Donnerstag Unmengen von Leuten aus dem gesamten Hausruckviertel und dem Attergau zum traditionellen „Kellerbier" einfinden. Donnerstag ist nämlich „Kellerbier-Tag". Der einzige Tag der Woche, an dem das noch ungefilterte, also noch mit Hefe „verunreinigte" Jungbier hefetrüb und vorzüglich mild im Geschmack ausgeschenkt wird.

Und der „Kellerbier-Tag" ist ein Ereignis. Dann spielt bei Schönwetter die Blasmusik im Pavillon im Gastgarten, der Garten und die Wirtsstuben sind gerammelt voll, und jeder stellt sich ordentlich und brav zuerst um Markerln und dann ums Bier an. Rund 1500 durstige Seelen kehren an schönen Sommertagen zum Kellerbier ein. Und auch wenn der blonde Gerstensaft in Strömen fließt, geht es doch erstaunlich gesittet zu. Ausfälligkeiten oder Auswirkungen des gefürchteten, weil wie das Bier überschäumenden Innviertler Temperaments sind hier unbekannt. Dafür sind kuriose Details am Rande zu finden. Aus Frankenburg kommt beispielsweise – gewissermaßen als volkstümliches „Shuttle"– der sogenannte „Werklzug" zur feuchtfröhlichen Gaudi, eine selbstgebastelte, straßentaugliche Lokomotive mit mehreren Anhängern, stilechtem Schaffner und Heizer und einer Kapazität von rund 40 Fahrgästen.

Daß man an solchen Tagen überdurchschnittlichen Andrangs keine kulinarischen Spitzfindigkeiten erwarten kann, versteht sich von selbst. Eine reduzierte Karte mit knusprigen Hendln, leckerem Ochsenmaulsalat und anderen für Biergärten typischen Kleinigkeiten steht für die Sättigung zur Disposition.

Anders an den „normalen" Tagen. Da ist die Karte umfangreicher und gespickt mit allem, was man in einem gutbürgerlichen Bräugasthaus erwartet. Gulasch, Beuschl, Rostbraten, alle Arten von Schnitzeln, aber auch Gemüseplatten und üppige Salatteller werden angeboten. Alle Portionen zeichnen sich durch Reichlichkeit und solide Qualität aus, wie sie eben einem Wirtshaus dieser Art und Größenordnung entsprechen. Auch größere Runden sind in den mächtigen Wirtsstuben an den langen Tischen gut aufgehoben und nicht zur grüppchenweisen Kommunikation verdammt. Der dabei entstehende Geräuschpegel ist allerdings eher für robustere Gesellschaften geeignet als für feinsinnige Besprechungen in kleinstem Rahmen.

Kulturell bietet die Umgebung im Sommer das Frankenburger Würfelspiel. Erinnerungen an die Unrechtsgeschichte vergangener Tage läßt auch das KZ-Mahnmahl in den ehemaligen Raketen-Testanlagen der Wehrmacht während der Nazizeit aufkommen. Biologen und Hobby-Archäologen schätzen paläontologische Aufschlüsse in der näheren Umgebung, in der Fossilien (sogenannte Nummuliten) aus älteren erdgeschichtlichen Formationen zutage treten.

Info Preise: 50,– bis 120,– • Gastgarten • Erreichbarkeit: ÖBB bis Redl-Zipf.

61

Gasthof Zwink

Aspach im Innkreis

5252 Aspach im Innkreis 22, Tel.: 07755/318, Öffnungszeiten: 9.00–24.00 Uhr, Montag, Samstag nachmittag Ruhetag

Mächtiger, architektonisch interessanter Braugasthof mit typisch Innviertler Kost und kulinarischen Beziehungen zu Alt-Wien.

Schon alleine die Treppe, die vom straßenseitigen Eingang zur Wirtsstube führt, läßt erahnen, daß man hier nicht in einem gewöhnlichen Landwirtshaus einkehrt. Nobel, fast mit dem Charme landedelmännischer Aristokratie prangt das monumentale Gebäude. Außen gestaltet im Stil der späten 20er Jahre, ist dieses Gasthaus eines der Überbleibsel der hochstehenden Bierbrautradition des Innviertels. Jenes Landstrichs, in dem vor der heute allgegenwärtigen landwirtschaftlichen Massenproduktion Milch und Honig flossen.

Der Stil setzt sich auch im Inneren fort. Nicht hemdsärmelige Volkstümelei wird hier gehätschelt, hier sitzt man an den großen Tischen mit Eichenplatten auf ledergepolsterten Sesseln und läßt sich das Bier durch die Gurgel rinnen. Der Gerstensaft wird zwar nicht mehr unter dem Namen „Aspacher Bräu" im eigenen Haus hergestellt, sondern in der vor einiger Zeit von einem Konzern übernommenen Brauerei ums Eck. Die traditionelle Innviertler Rezeptur und der kurze Lieferweg schlagen allerdings in punkto Qualität zu Buche.

Beherrschend gleich beim Eintreten in die Gaststube ist der Stammtisch, an dem beinahe zu jeder Tageszeit Exponenten der örtlichen High-Society vorzufinden sind. Daß dort nicht ausschließlich das billige tagespolitische Geschehen kurzsichtig kommentiert wird, sondern daß hier auch andere Themen aufs Tapet kommen, dafür sorgt schon der entsprechende Mix aus bodenständigen Vertretern Innviertler Lebensart und Künstlern, die hier, in der malerischen Landschaft, einen Ort ihres Schaffens gefunden haben und „den Zwink", so wie einst die Wiener Kaffeehausliteraten, zu einem zweiten Wohnzimmer erkoren haben. Weltläufig und edel und dabei doch mit unverkennbar innviertlerischer Seele – das ist die Stimmung, die in diesem Gasthof waltet.

Kulinarisch bleibt man in der Regel bodenständig. Innviertler Knöderln in einer repräsentativen Zusammenstellung aus Fleisch-, Speck- und Grammelknödeln sind dringend zu empfehlen. Daneben ist der Braugasthof Zwink für seine zarten Schnitzerln und für seine Burgunderrostbraten allerhöchster Güte bekannt, die ihn daher seit Jahrzehnten als ein sonntägliches Ausflugsziel für alle Schichten prädestinieren. Eine Besonderheit und Spezialität im Hause Zwink ist die Hera-Torte. Eine Kreation, die in den 20er Jahren von einer Ernährungswissenschafterin an der Wiener Hera-Klinik nach damals neuesten Erkenntnissen der Ernährungslehre komponiert worden ist und deren Rezeptur im Zuge verwandtschaftlicher Verbundenheit und der Tatsache, daß Aspach auch seit geraumer Zeit Kurort ist, ihren Weg ins Innviertel gefunden hat.

Alljährlich ist Aspach aber auch Schauplatz internationaler Kongresse zum Thema Gesundheit und, mit seinen zahlreichen wunderschönen Kirchen und anderen Aufführungsräumlichkeiten, Heimat des Aspacher Kultursommers, der Kirchemusik, Kammermusik und Literatur in gediegener Atmosphäre anbietet. Zu solchen Anlässen wird auch im Gasthaus Zwink die Karte exklusiv erweitert.

Info Preise: 60,– bis 130,– • Erreichbarkeit: Bundesbus von Ried im Innkreis bis Aspach.

62 Gasthaus Lehner

Linz

4040 Linz, Harbacher Straße 38, Tel.: 0732/730510, Öffnungszeiten: 10.00–24.00 Uhr, Dienstag Ruhetag

Ländliches Ausflugsgasthaus mit der dafür typischen Küche und enormem Erholungswert für Gäste, die mitten in der Stadt das Landleben suchen.

An der Leonfeldner Straße tobt der Autoverkehr. Ein kleines Stück abseits, zwischen den Hochhäusern und der Harbachschule, wird es ruhiger. Ein typischer Randbezirk der Stadt, in dem sich Einfamilienhäuser neben Wohnblocks ducken und die Architektur mit ihren sachlichen Schachtelbauten die Sprache der 70er und 80er Jahre spricht. Ein einzelnes Gebäude, die schlichte Holzverplankung eines landwirtschaftlichen Stadels, durchbricht dann plötzlich diese Formensprache. Dann eine scharfe Kurve, und man steht erstaunt in einer anderen Welt.

Ein Stück Land mitten in der Stadt. Das Gasthaus Lehner. Unwillkürlich fühlt man sich erinnert an die Gasthäuser, die vor 30, 40 Jahren noch zum Wochenende Scharen braver Stadtbewohner an die Peripherie von Linz zogen. Szenen aus meiner Kindheit tauchen auf im Gedächtnis. Kinder im Sonntagsstaat, die sich beim Warten auf die Leberknödelsuppe langweilten, das Sinalco oder Libella am Tisch verschütteten, so lange quengelten, bis sie sich vom Tisch entfernen durften, um sich garantiert irgendwo schmutzig zu machen. Man kennt die Geschichten ja. Und hier ist alles noch genauso.

Ein Teich mit Enten, ein kleiner Gastgarten mit Kastanienbäumen und daneben – welch Kuriosum mitten in einem Gebiet, das längst durch Siedlungen und Hochhauskomplexe erschlossen ist – eine große Wiese, wie eben eine Wiese sein muß, nämlich landwirtschaftlich genutzt.

Angeboten werden einfache Speisen und Kombinationen aus Most und Schmalzbroten oder Kuchen. Große Küche darf hier nicht erwartet werden. Eher schon die typische Landgasthauskost mit saftigen Schnitzeln, üppigen Salattellern, Brettljausen oder am Wochenende Schweinsbraten. Dazu Haustorten oder Kuchen.

Im Inneren ein Vorstadtwirtshaus, wie es sein muß. Mit einer ganzen Reihe von Stammgästen, die sich nicht wie am Land ellbogig am Stammtisch breit machen, sondern ihrem urbanen Schmäh an der Schanktheke freien Lauf lassen. Ein Lokal, in dem der G´spritzte und die Halbe Standardgetränke sind.

Am besten besucht man dieses Gasthaus bei Schönwetter und reserviert sich einen Platz im Garten (und zwar im alten Garten) und läßt dort bei zünftigem Essen oder einer kleinen Jause die Nostalgie über sich hereinbrechen, nuckelt am Bier oder am (guten) Most und überlegt sich die Formulierung, mit der man die Bitte um das Bestehenbleiben dieser ländlichen Oase in sein Abendgebet einschließt.

Info Preise: 65,– bis 130,– • kinderfreundlich • Gastgarten • Erreichbarkeit: ESG-Linie 1, Haltestelle Harbach.

63 Jausenstation Beissl

Scharten

4612 Scharten, Herrnholz 17, Tel.: 07272/5322, Öffnungszeiten: ab 14.00 Uhr, Montag, Dienstag, Mittwoch Ruhetag

Kultivierte Jausenstation in einem alleinstehenden Bauernhof. Reichhaltiges Jausenangebot. Ländliche Produkte zum Mitnehmen. Prämierte Möste und Schnäpse.

Ein Bauer, der es schafft, seinen Most zum Catering für ein Hochtechnologie-Event wie die Ars Electronica zu verkaufen, der muß es in sich haben. Wie aber kommt der Most von der Scharten nach Linz? Keine Frage bei diesem Publikum, ist man geneigt zu denken, dafür sorgt schon die entsprechende Mundpropaganda.

Hier trifft man sich zu einer gemütlichen Landpartie. Man ist unter sich, kann das ländliche Lebensgefühl hautnah genießen, ebenso den Geheimtip-Charakter dieser an sich unauffälligen Jausenstation und ist trotzdem, was Infrastruktur und Versorgung anbelangt, in den besten, professionellen Händen. Von der Brettljause bis hin zu hausgemachten Mehlspeisen und Schnäpsen, dekorativ aufbereitet, verrät alles den Vermarkterprofi im Hausherrn Gerald Beißl, der es versteht, seine Produkte richtig, dabei unaufdringlich und trotzdem wirksam an den Konsumenten zu bringen.

Nicht nur Most-Verkostungen werden hier alljährlich unter zwar nicht immer fachkundiger, aber immerhin publicityträchtiger Anteilnahme oberösterreichischer Prominenter ausgetragen. Trotzdem: Die angebotenen Proben der oberösterreichischen Landessäure, namentlich Schartner Herkunft, sind beachtlich. Und nicht nur die Möste, sondern auch das, was rundum geboten wird. Die Jause, die Möglichkeit zur Selbstversorgung, also, sich die Schmankerln auch mit nach Hause mitzunehmen, und die wunderbare Landschaft der Scharten.

Jener Landschaft, in der sich bis in die 50er und 60er Jahre noch Linzer und Welser getroffen haben. Die traditionelle, fast möchte man sagen „altmodische" Ausflugsgegend der Nachkriegszeit, die noch ein wenig vom nostalgischen Charme der Erinnerung atmet. Erinnerung an jene Zeit, als Schartner Bauern, wenn sie ihre Kirschbäume in guter Blüte wußten und eine reiche Ernte erwarten konnten, im Wirtshaus von einem Tag auf den anderen nicht mehr unter den „Gemeinen" saßen, sondern bei den „Besseren".

Kirschbäume gibt es noch in der Scharten, wenn auch nicht mehr so viele wie vor 30 oder 40 Jahren. Eine Fahrt oder eine Wanderung durch die blühenden Laubengänge aus Kirschen-, Apfel- oder Birnbäumen zur Blütezeit gehört aber noch immer zu den schönsten Eindrücken, mit denen man sich in Oberösterreich im Frühjahr belohnen kann.

Info Preise: 35,– bis 75,– • kinderfreundlich • Gastgarten • Erreichbarkeit: Bundesbus bis Scharten oder Leppersdorf, ca. 1/2 Stunde Fußmarsch.

64 BREZERHAUS

RUTZERSDORF

4152 Sarleinsbach, Tel.: 07283/8255 (Gemeindeamt), Öffnungszeiten: Mitte Mai bis Anfang Oktober Sonntag und Feiertag 13.00–19.00 Uhr. Information: Monika Scharinger, Tel.: 07283/8616

In seiner historischen Bausubstanz unverändert erhaltenes Bauernhaus, in dem die bäuerlichen Lebensumstände im vorigen Jahrhundert erfahrbar werden. Auf Wunsch Bauernjausen.

Eigentlich ist das Brezerhaus ja ein Freilichtmuseum. Bis vor wenigen Jahren haben hier, in diesem aus dem 16. Jahrhundert stammenden Bauerhaus, noch zwei alte Frauen ohne Strom und ohne die Annehmlichkeiten des 20. Jahrhunderts gelebt. Das belegen beispielsweise Fotos, die die beiden mit einem neugeborenen Kalb, das in der Stube gehalten wurde, zeigen. Vollkommen spurlos ist an diesen beiden letzten Bewohnerinnen des Brezerhauses die Moderne vorbeigegangen, und so ist uns ein eindrucksvolles Zeugnis der Lebensart früherer Zeiten erhalten geblieben.

Nach dem Tod der beiden Frauen sollte das Haus abgerissen werden. Schließlich galt es ja als Schandfleck innerhalb der Gemeinde, auch wenn es einige Kilometer außerhalb des Ortszentrums liegt. Der Initiative einiger Bürger von Sarleinsbach, die den Wert dieses Hauses in seiner Beispielhaftigkeit erkannten, ist es zu verdanken, daß dieses sozialgeschichtliche Dokument erhalten geblieben ist und jetzt von einer Gruppe von Bäuerinnen in Eigenregie als Museum einerseits und als kurioser Schauplatz für eine praktische Auseinandersetzung mit den bäuerlichen Lebensumständen vergangener Zeiten betreut wird.

Geduldig erklären die handfesten Damen den staunenden und kopfschüttelnden Besuchern Sinn und Zweck verschiedener Gegenstände und die Nutzung der oft winzigen Räume. Über enge Hendlstiegen zwängt man sich durch die verschachtelte Architektur des Hauses. Niedrig sind die Türen, finster die einzelnen Räume und spartanisch die Schlafkammern. Zu guter Letzt landet man in der guten Stube. Zahlreiche Fotos in der oben beschriebenen Art sind dort an den Wänden zu bestaunen und runden den Eindruck von den Lebensumständen plastisch ab.

Der Tisch in der Stube aber ist dann überbordend gedeckt mit bäuerlichen Spezialitäten. Jede Bäuerin setzt ihren ganzen Stolz

darein, ihre Gäste originalgetreu und gleichermaßen originell zu bewirten. Speck und Brot aus dem eigenen Backofen wird dann aufgetischt. Topfenkäs, Geselchtes, Gemüse aus dem Garten je nach Saison, kaltes Schweinernes, Krapfen und verschiedene Mehlspeisen und was auf einem Bauernhof eben so alles produziert wird. Erlaubt ist nämlich die Bewirtung nur mit eigenen Erzeugnissen, sonst würde gegen gewerbliche Verordnungen verstoßen. In jedem Fall aber ist die Palette bunt. Und das setzt sich auch bei den Getränken fort. Der Most ist natürlich das Getränk der Wahl. Diverse Obstsäfte stehen aber auch für Genüsse ohne Promille zur Verfügung, und selbstgebrannte Schnäpse und angesetzte Liköre, darunter auch herbfrische Nußgeister sind Standard. Die Preisgestaltung fällt dann zumeist recht beschämend aus. Äußerst bescheidene Beträge werden für hohe Qualität, Originalität und Üppigkeit verlangt.

In der Gemeinde Sarleinsbach bietet sich für Individualisten, die sich vom Brezerhaus angesprochen fühlen, auch noch eine andere Attraktion an: eine Kräuterpension mit angeschlossenem Reitbetrieb.

Info Preise: nach Vereinbarung • Erreichbarkeit: Bundesbus bis Sarleinsbach, ¾ Stunde Fußmarsch. • Freizeitangebot: Freilichtmuseum.

65 Finklhamer Mostheuriger

Scharten

4612 Scharten, Finklham 44, Tel.: 07249/45261, Öffnungszeiten: ab 14.00 Uhr, Montag Ruhetag

Solide Most-Jausenstation mit einer Reihe seltener Haustierarten und großem Kinderspielplatz als Attraktion.

Zuerst hält man sie für Bären, dann stutzt man heftig und hört das Grunzen. Und dann kann man sich kaum mehr von dem Anblick losreißen, noch dazu, wenn auch noch Frischlinge zwischen den Elterntieren herumwuseln. Die Rede ist von Wollschweinen, einer alten Rasse, die auf der Rückzüchtung unserer Hausschweine basiert und die vor allem in Osteuropa die Entwicklung zum Einheitsschwein unversehrt überstanden hat. Und die Wollschweine, die sich hier in einem weitläufigen Gehege mit Obstbäumen gemütlich suhlen, sind eine der Attraktionen, die sich auch auf der Speisekarte wiederfinden. In transformierter Form, versteht sich. Mit einigem Glück nämlich stammt auch das Fleisch auf den Bratlbroten, die man hier verzehren kann, von diesen Tieren. Saftig, zart und vielleicht ein wenig fetter, als man das von Allerweltsschweinen gewöhnt ist.

Eine Mostschank, in der für die ganze Familie etwas geboten wird, betreibt die Familie Eigner hier auf einem sanften Abhang eines Höhenzuges mit Blick aufs Innbachtal zwischen Bad Schallerbach und Eferding. Serviert werden Jausen, die in dieser Gegend Tradition haben. Das oben erwähnte Bratlbrot, Fleischaufstriche, Speck, Topfenkäs und ein besonders leckerer Erdäpfelkäs. Dazu gibt´s Most aus der eigenen Produktion in zwei Sorten: mild oder kräftig, oder, wenn´s sein muß, Bier vom Faß. Zum Danach gehört fast verpflichtend ein Schnapserl aus der eigenen Brennerei und eine der Mehlspeisen, die die Hausfrau je nach Laune produziert. Sensationelle Bauernkrapfen sind fast immer dabei.

Neben g´schmackiger Stärkung allerdings bietet der Finklhamer Mostheurige eine Menge tierischer Eindrücke. Abgesehen von den Wollschweinen – und die sind wirklich eine Rarität in unseren Breiten – grasen hier noch Angusrinder, Ziegen und Schafe. Eine unmißverständliche Aufforderung an alle Kinder und Junggebliebenen, diese seltsamen Vierbeiner näher in Augenschein zu nehmen. Wenn diese Attraktionen ihren Reiz verloren haben, steht immer noch ein ausgedehnter Spielplatz mit Rutschen, Kletterturm, Schaukeln und und und zur Verfügung.

Für sanfte Touristen bieten sich noch zwei Sehenswürdigkeiten an. Zum einen das Mostmuseum in St. Marienkirchen an der Polsenz, eine in einem alten Speicher untergebrachte, sehr informativ gestaltete Ausstellung bäuerlicher Geräte, die in Zusammenhang mit der Mosterzeugung stehen und standen. Zu erreichen innerhalb einer guten Stunde zu Fuß oder innerhalb weniger Minuten mit dem Auto. Zum anderen einer der schönsten Aussichtsplätze des Eferdinger Landls – der Roithener Kogl. Nur wenige hundert Meter neben dem Finklhamer Mostheurigen führt eine Gemeindestraße nach Roithen, und auf dem Weg dorthin passiert man den Aussichtsberg. Der Blick öffnet sich von hier aus ins Trattnach- und ins Polsenztal und kann dann bis zum markanten Rücken des Hausrucks im Westen schweifen. Nach Osten blickt man nach Wels und ins Alpenvorland, über dem an schönen Tagen im Süden deutlich sichtbar der Traunstein aufragt, und nach Norden zeigt sich das Donautal von Stroheim mit seinem charakteristischen Kirchturm bis Walding und dem dahinter ansteigenden Mühlviertel.

Eine weitere Kuriosität – wer weiß, wie lange noch – ist eine der vielen, dauernd von der Einstellung bedrohten Nebenbahnen: die Linie Aschach-Wels. Steigt man in Eferding nach einer Fahrt mit der Lilo Richtung Wels um, so gondelt man hier nach Art der Dschungeltramway am malerischen Innbach entlang und wird wenige hundert Meter vor dem Finklhamer Mostheurigen abgesetzt. Eine Fahrt, die jeder einmal genossen haben sollte.

Info Preise: 30,– bis 80,– • kinderfreundlich • Gastgarten • Erreichbarkeit: ÖBB-Linie Aschach–Wels bis Finklham.

66 Gasthof Frossdorfer

Waizenkirchen

4730 Waizenkirchen, Gut Waikhartsberg, Tel.: 07277/2243, Öffnungszeiten: 9.00–23.00 Uhr, kein Ruhetag

Sehr einfaches Landgasthaus mit kuriosem Ambiente. Schöner Gastgarten und Salettl.

Nicht so sehr wegen der Küche, sondern eher wegen der äußerst merkwürdigen Stimmung sollte man einen Abstecher zum Gut Waikhartsberg in der Nähe von Waizenkirchen unternehmen, einem riesigen Gutshof, früher ein Edelsitz, in den 50er Jahren kurze Zeit ein Kinderheim und heute ein großes landwirtschaftliches Anwesen. Entsprechend uneinheitlich, gerade deshalb aber faszinierend präsentiert sich die Ästhetik. Das herrschaftliche Gebäude einerseits mit seinem riesigen, parkähnlichen Garten und den großen Kastanienbäumen. Daneben die etwas gesichtslose Fassade des ehemaligen Kinderheims. Höchst interessant ist das Salettl neben der Wirtsstube, das mit seinem Blick auf den vorbeiführenden Güterweg und die dahinterliegenden Felder einen großartigen Platz zum Sitzen und Mit-der-Seele-Baumeln abgibt. Das Vorhaus und vor allem die Wirtsstube sind herrschaftlich. Ein riesiger Kachelofen mit zahlreichen Majolikareliefs dominiert den gesamten Raum.

Leider wird dieses Wirtshaus derzeit nur extensiv neben der Landwirtschaft betrieben und hat daher zumeist nur Kleinigkeiten zum Bier zu bieten. Speisen, die über die eher durchschnittlichen Brettljausen hinausgehen, werden aber auf Vorbestellung zubereitet.

Info Preise: 60,– bis 120,– • kinderfreundlich, Spielplatz, Pferdekoppel • Großer Gastgarten mit Natur-Kegelbahn • Erreichbarkeit: LILO bis Waizenkirchen (ca. 1/2 Stunde Fußmarsch).

67

VINOTHEK WAGNER

GMUNDEN

4810 Gmunden, Tel.: 07612/4346-15, Öffnungszeiten: 10.00–12.00 Uhr, 13.00–18.30 Uhr, Montag nur nachmittag, Samstag bis 13.00 Uhr

Ihren Stellenwert als Getränkehandel hat sich die Firma Wagner mit der Auslieferung von Coca-Cola schon unmittelbar nach dem Krieg erarbeitet. Mittlerweile lagern nicht mehr nur Limonaden, Biere und Mineralwässer, sondern auch die klassischen Weine Österreichs und der großen Weinnationen. In einem ansprechenden, modern gestalteten Verkaufslokal, in dem man unter fachkundiger Anleitung die Gustostückerln verkosten kann, stehen und liegen sie in Reihe und Glied. Jeweils nur die Menge, die auch schnell verkauft wird, um dem edlen Tropfen in den dunklen Flaschen keine schlimmen Lagerbedingungen zumuten zu müssen. Wer sich also nicht an eine der exklusiven Versandhandelsfirmen wenden möchte, sondern vor Ort den Wein seiner Wahl kennenlernen will, dem bietet sich hier in geschmackvollem Ambiente die Gelegenheit dazu. Und wer nur zur Auswahl kommt, dem wird der Wein auch hinterhergeschickt. Und noch ein Vorteil bietet sich hier an: Ein eigenes Journal, das monatlich verschickt wird, tut alle Neuigkeiten kund, die einen Weinkenner in Verzückung bringen.

68

LACHS & WEIN

LINZ / EBELSBERG

4020 Linz/Ebelsberg, Mönchgrabenstraße 129, Tel.: 0732/314306, Öffnungszeiten auf Anfrage

Der Patron zählt zur ersten Garde der österreichischen Weinkenner. Als Sommelier von Günter Hager in dessen legendärem Lokal „Allegro“ hat er eine Unzahl exklusivster Weinverkostungen mit Harry Rodenstock und Konsorten hinter sich. Er kennt die Burgunder- und Bordeauxjahrgänge nahezu lückenlos bis 1893 zurück, und auch über die besten Jahrgänge des Château d'Yquem kann er aus eigener Erfahrung berichten: Klaus Gassner, der junge Maître des jungen Unternehmens „Lachs & Wein“.

Mit der Vinothek im Keller seines Privathauses in der Mönchgrabenstraße in Ebelsberg bei Linz hat er sich natürlich weniger auf die ganz großen Gewächse der Welt spezialisiert, weil in dieser Kategorie der Markt einfach zu klein ist, an österreichischen Paradewinzern aber findet man in seinen Regalen alles, was Rang und Namen hat. Seine Spezialität punkto Wein allerdings ist seine Spürnase, mit der er immer wieder junge, noch relativ unbekannte Weinproduzenten aufspürt. Erstaunliche Qualitäten entdeckt man hier zu überraschend niedrigen Preisen. Verkostet

wird in einem geschmackvollen Stüberl in gemütlicher und entspannter Atmosphäre, und Klaus Gassner versteht es, sowohl perfekt auf die Kundenwünsche einzugehen, als auch seinen Kunden mit immer wieder eingestreuten Überraschungen neue Erfahrungen mit auf den Weg zu geben.
Das Hauptgewicht seiner kulinarischen Aktivitäten aber liegt auf dem geräucherten Wildlachs, den er aus Irland importiert. Absolute Frische ist hier oberstes Prinzip. Die Räucherung in Irland erfolgt nämlich erst auf Bestellung. Nach wenigen Tagen liegen die Seiten im Linzer Lager, und Klaus Gassner sorgt für eine sofortige Weiterleitung an seine Kunden. Die Filets sind daher noch keine Woche alt, wenn sie duftend auf den Tisch kommen. Hier ist die Gastronomie sein Hauptabnehmer, doch bedient er auf Vorbestellung auch Privatleute mit seiner Ware.

69

Wein & Käse

Linz

4020 Linz, Tel.: 0732/781719,
Öffnungszeiten: 9.00–18.00 Uhr

Das Lokal erinnert ein wenig an jene italienischen Bottegas, in denen man sich mit den Spezereien versorgen kann, die uns als die Inbegriffe von Italianità gelten. Verschiedene Prosciutti, Käse in allen Varianten, Paste und natürlich Wein.

So eng festgelegt auf Italien allerdings ist Peter Schmutz nicht mit seinem kleinen „Wein & Käse"-Laden in der Linzer Betlehemstraße, ein wenig abseits im architektonisch interessanten Winklerbau und im Schatten des größten Linzer Volkskaufhauses. Sein Weinangebot reicht von interessanten Südafrikanern über Südamerikaner, Spanier und Franzosen zu den Italienern und natürlich Österreichern. Weine, die im allgemeinen schon trinkreif im Regal stehen, bietet er an. Und das in einer Varianzbreite, die einen angenehmen, schon beinahe repräsentativen Überblick vermittelt. Den Ehrgeiz, Gewächse anzubieten, auf die sich Sammler wie auf seltene Stücke bei Auktionen stürzen, hat er natürlich nicht. Das verhindert schon das Geschäftskonzept und der Mangel an Lagerräumlichkeiten. Hier ist es der Genuß aus einer plötzlichen Eingebung der Lebensfreude heraus, dem gefrönt wird. Eine Scheibe Käse, zwei hauchdünne Schnitten saftiger Parmaschinken und dazu ein Glas eines feinen Italieners, das ist es, was seine Kundschaft bei ihm sucht und bekommt. Selbstverständlich auch über die Gasse, und so hat sich das kleine Geschäft zu einer angenehmen Anlaufstelle gemausert, für alle, denen knapp vor Ladenschluß Appetit auf einen genüßlichen Abend zu Hause gekommen ist.
Wer sich geschworen hat, den geistigen Getränken zu entsagen, der findet im Hinterzimmer eine köstliche Auswahl interessanter Tees, die man manchmal bis in den vorderen Teil des Geschäfts erschnuppern kann.

REGISTER nach Anlässen

Ideal für ein Dinner for Two

Für die kleine gediegene Runde mit Freunden und Geschäftspartnern

Für die kleine ungezwungene Gesellschaft ohne große Etikette

Der Abschluß einer Landpartie mit der Familie auch ohne Lackschuhe

Das Familienfest mit Kindern und Oma

Nach getaner Arbeit – zum Entspannen, Tratschen, Abendessen

Genußreiche Stunden für große Runden in unkomplizierter Stimmung

Der richtige Rahmen für eine große Runde zum festlichen Anlaß

REGISTER geordnet nach Gusto

Sie haben heute Appetit auf ...

... verfeinerte bodenständige Küche

... solide Hausmannskost nach oberösterreichischer, Wiener oder altösterreichischer Tradition

... auf exklusiv zubereitetes Geflügel und Kleingetier vom Kitz bis zur Wachtel

... auf Fisch in allen Variationen

... auf Wild in allen Varianten

... auf herzhafte Jausen im lauschigen Gastgarten

... auf ein deftiges Bratl in der Rein

... auf Knödel

... auf fleischlose Köstlichkeiten

... auf außergewöhnliche Desserts zum Drüberstreuen